DO IT!
「すぐやる人」に変わる未来記憶思考法

池田貴将

サンマーク文庫

文庫化にあたって

未来は今つくられる

本書を手に取ってくださり、ありがとうございます。この本はこれまで数々の人たちの人生を変えてきた単行本『未来記憶』の文庫版になります。

私たちは行動を起こすときに、不安な気持ちや、面倒くさい気持ち、やりたくない気持ちを抱えてしまうと、先延ばしにしてしまいがちです。でもその「あとでやればいいや」の「あとで」のときにも、また私たちは面倒くさい気持ちに直面するのです。そしてなんとか無理やり自分を奮い立たせます。しかし、これをいくら繰り返していても、疲れるだけです。

本書では、今すぐ感情を変えるための方法をお伝えしています。発売後10年以上たっても増刷がかかり続け、口コミで人から人へと広まっていった「未来記憶」メソッドです。

教育者の方々が、この未来記憶を学校や幼児教育に活用してくださっています。ビジネスパーソンの方々が、未来記憶を使って、目標達成をし続けています。ごく普通の主婦だった方が、未来記憶を使って、ハッピーな毎日を過ごしています。未来記憶を使ってダイエットに成功した方、引っ越しや結婚、転職や各種試験に合格をした方もたくさんいます。

「未来記憶」とは聞きなれない言葉ですが、あなたがずっと望んでいた未来を叶《かな》えるための画期的なメソッドなのです。

私たちの多くは、過去の出来事に振り回されて日々を過ごしています。昨日の失敗、先週のやり残し、人によっては10年以上前の失敗。今、この瞬間も時間は刻一刻と過ぎさっています。

過去のやり残しのための日々を過ごすのはやめましょう。どうか「未来記憶」を毎日の中心にして過ごしてみてください。

いやいや過ごしても、ワクワク過ごしても、私たちの1日は24時間です。かならず何かしらのことをするわけです。そうであれば、いやな気分で過ごすより、楽しい気持ちで過ごすほうがよくないですか？

本書では、今すぐあなたの毎日を変える方法をお伝えします。目の前の現実から目を逸《そ》らして、バラ色の未来を想像して、現実逃避をするわけではありません。私たちの目の前のひとつひとつ、一見地味な「しなければいけないこと」の中にこそ、本当になりたいと思っている未来が待っているのです。面倒くさいと思っていたことが、やりたいことに変わるテクニックがあります。ぜひ活用してみてください。

人の意志はとても弱いものです。感情には勝てません。だから、感情を味方につけて、あなたの夢を叶えていくことが大切なのです。その方法も載せています。

私もとても意志が弱い人間です。ただ未来記憶のメソッドを使って行動をしているので、意志が強そうに見えるだけです。

そして私が最後にお伝えしたいこと。

それは「夢は叶う」ということです。

たくさんの人たちが「夢なんて叶わない」とあきらめています。そうした人たちは、あなたの夢を批判するかもしれません。現実を見ろと冷たく言ってくるかもしれません。

それでもどうか、あなたは1人ではないということを思い出してください。私も、本書に書かれている方法を使って、いくつもの夢を叶えてきましたし、今も現在進行形でいくつものプロジェクトに取り組んでいます。本書で伝えている目標設定法は、私がアドバイスをして成功している人たちもこぞって活用し、さらに成功しています。

人生は1%ずつ変わっていきます。その積み重ねがどれほどのパワーになるのか。今日1%変わっても、あなた以外は誰も気づきません。そのため、多くの人が途中でやめてしまいます。でも1%の先には、あなたの想像を超えた未来が待っています。人は1年でできることを過大評価し、10年でできることを過小評価してしまいます。そのため短期で大きな変化を期待し、変わらないことにがっかりし、自信を失ってしまっています。

人は1%変わるよりも、宝くじを当てるような派手な成功をもたらすものをこぞって探してしまいがちです。でも私からすれば、毎日の中の何かしらを1％ずつ変えていくことで叶えることができる、想像もできないような数々の夢のほうが、宝くじよりもよっぽど現実的です。

1％ずつ変わることは、たくさんの奇跡をもたらします。皆様にとってとても素敵な未来が待っていることをお約束します。

それでは、どうぞ本書をお楽しみください。

皆様から未来記憶を活用したストーリーや感想等をお寄せいただければ、著者としてそれ以上の喜びはありません。

池田貴将

二〇二三年三月吉日

「未来記憶」を学んだお客様の声

「すべては未来記憶。これから未来記憶の箱をいっぱいにしていこうと思います」
（女性・自営業）

「未来記憶を増やすことで、自分自身の成功だけでなく、まわりの人の成功までお手伝いできるのではないかという自信がわいてきた」
（女性・個人事業主）

「未来記憶を増やしていけば、どんどん今の自分を変えていけるということを実感できた」
（女性・パート）

「明日からではなく、今から実践したいことばかりでワクワクしました」
（女性・会社員）

「この先、死ぬまで色あせない人生の創り方だと感じました」
（男性・理学療法士）

「自分の今やるべきこと、将来の姿がより明確になりました」
（男性・公務員）

「アンソニー・ロビンズの考え方の奥の深さを感じることができました」
（男性）

「自分に無理をさせず、楽しんで、自分を成長させる気づきが得られます」
（男性・公務員）

「勇気がなく、先延ばしにしていたことがあったので、とても参考になりました。新しい人生を始めるきっかけになります」（女性）

「自分の行動のスピードを上げられる新しい考え方を学べた」（女性・翻訳業）

「たった数時間で、新しい自分になれた」（女性・経営者）

「未来記憶をもとに、目の前の問題を自分の力になるように意味づけをして、継続的に行動します」（男性・農業経営）

「未来記憶を使うことで、自分自身だけでなく、他人に影響を与えることまでもできることが新鮮だった」（女性・学生）

「未来記憶からの意味づけについて、チームでやってみたいと思いました」（女性・トレーナー）

「日々の行動の指針を得られた」（男性・会社員）

「テクニックではなく、本質的なことに気づけました」（男性・会社員）

「いろいろな成功哲学はあるが、具体的に形にしていくのは初めての経験でした」（男性・会社役員）

「具体的にどうしたら課題を解決していけるのか、身近で具体的に実践するための気

づきが満載でした」（女性・自営業）

「実現したいことを『できるかどうか』ではなく『やりたい』と思って行動できるようになった」（女性・美容業）

「今まで、痛みから逃れるための目標設定をしていたと気づいた」（男性・会社員）

「しばらく、毎日続けてみたいと思います」（男性・会社員）

「未来記憶を子育てに生かしていきます！　もちろん仕事にも使えるので明日から使ってみたいと思います」（男性・医師）

「なんでこういうことが学校教育で教えられないんだろうと不思議に思います」（男性・システム開発）

「プロセスそのものが目標達成の痛みになっていたと気づかされた。毎日、そのプロセスがいやで先延ばしにしていたと気づいた」（女性）

「自分の人生の方向性を決める生き方について、とても明確な指針ができました」（男性・プロコーチ）

「自分が本当はどうなりたいかがわかりました。何日か日にちがたっても忘れない、どうしたら習慣にできるかを学びました」（女性・絵本作家）

DO IT！「すぐやる人」に変わる未来記憶思考法　目次

はじめに

目標達成に、苦しい努力はいらない

第1章

「未来記憶」で「やるべきこと」は簡単にできる

第2章 2倍速く達成できる目標の立て方

第3章 「感情」を味方につければ「継続」ができる

第4章 世界一簡単に夢がかなう計画の立て方

第5章 人生の困難に打ち勝つ「ヒーローズ・ジャーニー」の法則

おわりに

未来記憶を増やすと、人生は充実する

編集協力　コンセプト21
校正　株式会社ぷれす
本文DTP　朝日メディアインターナショナル
編集　池田るり子
新井一哉
（サンマーク出版）

はじめに

目標達成に、苦しい努力はいらない

「目標達成＝苦しい」は大間違い

いつも目標を達成している人には、共通点があります。

それは「ラクに」やっていることです。


私たちが目標を達成するのに、苦しい努力はいりません。

しかし、多くの人は苦しい努力をしなければものごとは達成できない、そして達成できなければ自分は幸せになれないと誤解しています。

けれども、目標を達成し続けている人のほとんどは、「苦しい」と感じることなく、ラクな気持ちのまま達成しているのです。

私がこの本でお伝えしたいのは、このことです。**苦しい努力をせずに目標達成をするための方法**、それが本書のタイトルでもある**「未来記憶」**を使った目標達成法なのです。

私は大学3年生のときに、世界ナンバーワンコーチであるアンソニー・ロビンズと、彼のメソッドに初めて出会いました。その情熱と圧倒的な効果のあるメソッドにほれ込んだ私は、2年間をかけて彼の主要セミナーやトレーニングコースをすべて受け、日本人最年少で「上級リーダーシップ」として認められるようになるまでにのめり込みました。

そして、卒業を待たずにアンソニーのメソッドを日本の皆様にお伝えする講座を開催するようになり、そこから休むことなく走り続けて、これまで4000人もの方々に、セミナーでアンソニー・ロビンズ「直伝」メソッドをお伝えさせていただいてきました。

試行錯誤を続けながらではありましたが、その功績を認めていただき、2008年末には、アンソニー・ロビンズ社から優れたトレーナーとして認めていただき、「私たちは『池田貴将』をどんな組織にでも強く推薦します」という言葉の入った感謝状をいただくこともできたのです。

アンソニー・ロビンズといえば、『一瞬で自分を変える法』（三笠書房）が日本でもベストセラーとなり、「自分の可能性を100パーセント発揮して、望む結果を出す」方法を教える、世界一の目標達成の専門家です。この本をお手に取っていただいている皆様の中にも、YouTubeの映像やテレビなどで、数千人も入る大きな会場につめかけたたくさんの人々を熱狂させ、力を与えるアンソニー・ロビンズの姿をご覧になった方がいらっしゃるかもしれません。

私自身も、アンソニー・ロビンズから強い影響を受け、その感動とメソッドを日本中の方々にお伝えしたいと思い、これまで講座をおこなってきました。

しかし、私がまだ講座を始めたばかりのころ、アンソニー・ロビンズのセミナーの内容をそのまま日本でモノマネしてみても、会場自体は盛り上がるのですが、いちばん肝心な受講者の「結果」が出ませんでした。そのときそのときはモチベーションが上がっても、家に帰ってみるとなぜか続かない、なぜか結果が出ないというお声をいただくことがありました。

自分の教え方が悪いのだろうか、なぜうまくいかないのか……そんな疑問が何年間も私の頭をぐるぐると回り続け、試行錯誤を繰り返した結果、そもそも欧米人と日本人では、成果に向かっていくときの特質が違うという結論にたどりつきました。

欧米人の多くはとにかく結果や報酬を重視するのに対し、日本人は結果だけでなく「あり方」や「過程」も大事にする人が多い。

そんな日本人がいちばん結果を出しやすく、いちばん違和感なく取り組めるように伝えるにはどうしたらいいのか。それを考え続け、たどりついたのがこの**「未来記憶」を使って目標を達成する方法**なのです。


「『未来記憶』？　いったい、それは何だろう？」

そう思われた方もいらっしゃることと思います。

アンソニー・ロビンズは言います。

「人は感情の生きものである。ポジティブな感情によって自分自身の判断力を上げることもできれば、集中力を上げることもできる。逆に、持っている感情によっては、判断力も集中力も下がることもありえるのだ」と。

どんな「感情」を持つかによっては、判断力も集中力も発揮されなくなってしまう。

そして、その感情を作っている素《もと》——それこそが皆さんが持っている3つの記憶、**「過**

去記憶」「現在記憶」そして「**未来記憶**」なのです。

人は、頭の中に、3つの箱を持っています。それぞれの箱の中には「過去記憶」「現在記憶」「未来記憶」が分類され、入れられています。

過去記憶というのは、過去に経験した記憶——たとえば「過去に飛び込み営業して怒鳴られた」「朝起きたら寒くてつらかった」という実際にあった記憶のことです。

現在記憶というのは、「今日はやらなくちゃいけないことがこんなにある」という現状に関する記憶です。

そして**未来記憶**というのは、「1日に英単語を10個ずつ覚えれば、海外での仕事への道が開けるぞ」「ここでお客さんをフォローしておけば、あとで評価が上がり、お給料をたくさんもらえるはずだ」などと、その行動をしたらこの先の未来にどんなことが起きるのか、どんな自分になれるのか——という、その行動の先にある未来のイメージのことをいいます。

目標を立てたとたんに、過去にできなかったときのことを考えてやる気をなくしてしまうのは、「過去記憶」を使ってしまっている人です。

目標を立てたとたんに、目先の忙しさを言い訳にして先延ばしにしてしまう人は「現在記憶」を使ってしまっている人です。

一方、目標を立てたとたんに行動したくてたまらなくなる人は「未来記憶」を使っている人です。

今まで、多くの人が目標を立てても達成できなかった理由。

それは、過去記憶を使ってしまい、苦しみながら行動しているからです。

過去にできなかったこと、苦しんだこと、つらかったことなどの過去記憶が、「どうせやってもできない、またいやな思いをするに違いない」と、あなたの行動にブレーキをかけてしまいます。

一方、目標を達成し続けている人はどうか。

彼らは過去記憶にしばられることなく、「未来記憶」を使い、行動の先にある未来を自分の頭の中に先取りしています。すると、あらゆる行動に苦しい努力が必要なくなり、次から次へと目標へ向かった行動ができ、その結果、望む夢がかないやすくなるのです。

成功者は「行動力」ではなく「行動を楽しむ力」を持っている

私たちの誰もが、目標を実現する能力をかならず持っています。

ただ、その目標に向かう行動を「続けられる＝やりたいと思える」かどうかで、成果が出せる人と出せない人の差が生まれています。

好きなことを毎日1時間やるのと、嫌いなことを毎日1時間やることを想像してみてください。1か月たったとき、どちらのほうが進んでいるでしょうか？

答えは明白です。好きなことをやり続けるほうが、絶対に成果に近づくのです。

私たちが夢や目標に向かうとき、かならず行動をし、反復し、継続しなくてはなりません。そのときに、「嫌いなこと、やりたくないこと」を積み重ねるのか、それとも「好きなこと、やりたいこと」を積み重ねるのかで、成果が出せるかどうかが変わってきます。

そのためには「やりたいことだけをやる」というのもいいですが、「やらなくてはいけないことを、やりたいと思えるようになる」「行動することを好きになる」ことがいちばんの近道です。

つまり、成果を出そうと思ったときに大事なのは、「やりたい」という感情を作ること、つまりは感情を味方にするということなのです。

「未来記憶」とは、私たちの感情にスイッチを入れるツールです。

たとえば、ふだん学校に行くときにはなかなか起きられない子どもが、遠足に行く朝だけはパッと起きられる、ということがよくあります。ふだんは「今日も学校だ、算数いやだなあ」という過去記憶に影響されているのが、当日のその子の頭の中には「今日は遠足だ！　ディズニーランドに行けるぞ！　スペース・マウンテンに乗って、シンデレラ城に行って、イッツ・ア・スモールワールドで写真を撮りたい！」という未来記憶があると、「早起き」というつらいはずの行動が、楽しい行動に変わるのです。

このように、**「しなくてはいけないこと」の先にある、自分が幸せを感じられる未来の記憶をたくさん持つことで、「行動しなくちゃいけない」というマイナスの気持ちを「行動したい」「今すぐ行動しなければもったいない」というプラスの気持ちに**

変えることができます。

行動を楽しめるから、続けられる。続けられるから、もっと楽しくなって、成果が上がる。成果が上がるともっともっと楽しくなり、楽しいからより行動量が増える。成功者は、そうやって成功への階段をかけ上がっていくのです。

これが「未来記憶」メソッドです。

詳しくは本文中で説明しますが、「未来記憶」を使うことで、

・ＴｏＤｏリストがスムーズにストレスなく終わる
・「先延ばし」することがなくなる
・長期の目標を立て、行動し、達成できる
・ノルマに苦しめられなくなる
・計画を立てるのが好きになり、成長のスピードが驚くほど上がる

という人生を手に入れることができるのです。

成功者が卓越しているのは努力や行動力ではありません。彼らが卓越しているのは成功するまで行動する努力を「楽しむ力」なのです。

苦しいことの先に初めてビジネスは成り立つ、ということを言う人がいますが、本来それは大きな間違いです。

もちろん、「いやなことをやらなくていい」「苦しい努力をしなくていい」ということと、「努力（行動）」をしなくていいということは違います。何もせずに成功することは、基本的にはありえません。そして、成功するためには行動を継続させることが必要です。それには、かならず「努力」がともないます。

ですが、未来記憶メソッドにおいて必要とされる努力は、一般的に使われている「努力」とは少し異なるのです。多くの人は「努力」というと、つらいことを我慢してがんばることだと思い込んでいます。しかし、本来の「努力」というのは、積み重ねて続けることを意味しています。いわば**種をまいて花が咲くまでのあいだ、「続ける」ことを努力と呼ぶのであって、いやなこと、つらいことをひたすら耐えてがんばることが「努力」ではない**のです。ここで自分に間違った努力をさせてしまうと、苦しいだけで結果をともなわない、つらい人生を送ることになってしまいます。しかし、未来記憶を使えばラクに効率よく行動できるので、目標が達成できるようになるのです。

今ここが、あなたの未来を変える分岐点

アンソニー・ロビンズは言います。

「この世の中に現状維持というものは存在しない。進化するか、衰退するか、そのどちらかだ」——と。

何かを先延ばしにすることは、現状維持にすらなりません。ダイエットをせずに先延ばしにしていれば、おなかまわりのサイズはますます大きくなり、ＢＭＩ値は高まる一方です。

「変わりたい」と感じたのなら、そのタイミングを逃してはいけないのです。

もしも皆さんが「もっとラクに目標達成できる自分になりたい」と感じたのなら、今こそ進化するチャンスです。

「未来記憶」メソッドを身につければ、ダイエットにも成功し、仕事で上司にほめられ年収を上げることもできます。幸せな恋愛や結婚をすることも、苦手だったそうじや語学習得もできるようになるのです。

今まで「やりたい」と思っていたけれどかなえられなかったすべてのことが実現できるようになります。

ぜひ、この本で「未来記憶」メソッドを習得し、あなたの理想とする現実を手に入れてください。

本書を読んでくださった1人でも多くの人の目標達成にこの「未来記憶」が役立つこと、そしてたくさんの人が、よりすばらしい人生を手に入れることを心から願っています。

第1章

「未来記憶」で「やるべきこと」は簡単にできる

行動を変えるな、感情を変えなさい

「今、あなたのスケジュールの中に、やらなくてはいけないことはいくつ残っていますか?」

「今、あなたが先延ばしにしていることは何ですか?」

こう聞くと、多くの人は苦笑いをしながら、たくさんの「先延ばしリスト」を挙げてくれます。たとえば早起き、そうじ、英語の勉強、仕事でいえばアポイント、新規顧客の開拓……。

せっかく目標を掲げながら、ついついやらずに先延ばしにしてしまう……目標達成の邪魔をするいちばん多くの例がこの「先延ばし」にあります。

私はこの本を通して、皆さんの目標達成をお手伝いしていこうと思っていますが、まずこの章では、いちばん悩んでいる方の多い「先延ばし」の解決方法——「未来記憶を使って先延ばしにしていたことをすぐにやり、結果を出すメソッド」をお伝えしていきます。

目の前のやるべきことに対して、行動をしなくてはいけないとわかっていても、おっくうだったり、気が進まないという理由で、二度寝してしまったり、何かと理由をつけてサボってしまったり……ついつい先延ばしにしてしまう。

そんなとき、多くの人は、あとで自分を責めてしまいます。

「せっかく決めたのに、朝ちゃんと起きられない私はダメな人間だ……」

「そうじしなきゃいけないのはわかっているのに、ついついケータイのメールチェックをしてしまう。やはり私はなまけものなんだ」

「勉強しなきゃいけないことはわかっているのに、やる気が出ない。ぼくはなんてダメなやつなんだろう」

あなたも、そんなふうに思ったことはありませんか？

でも、じつは、それは「あなた」が悪いのではないのです。

面倒くさくて行動ができない。そんなことで自分を責める必要はまったくありません。

感情がともなっていなければ、行動には移せない。これは怠慢ではなく、人間として自然なこと。つまり、私たちが本当に変えるべきなのは「行動」ではなく、行動の原動力である「感情」なのです。

感情を変えずに、行動を変えようとするから、失敗してしまうのです。先に感情を変えさえすれば、行動することは、驚くほど簡単になります。

これが、ラクに目標を達成するための最初のポイントです。

すぐ取り組める人と、取り組めない人がいるのはなぜ？

私たちがストレスの素《もと》だと考えている日々の雑事――。しかし、誰もが同じようにこれらのことをストレスだと感じているかといえば、そうではありません。

私の知人には3時間しか寝ていなくてもパッと起きられる人がいます。きっと彼女にとって朝起きるのは、そうつらいことでもないのでしょう。そうじをすることこそストレス解消法だという人もいますし、勉強が大好きで社会人になってもなお、大学に通っている人も世の中にはたくさんいます。

つまり、ある人にとって「つらい」「面倒くさい」と感じていることも、別の人にとっては「楽しい」「うれしい」といったポジティブな感情をもたらすものであるということです。

「そうじ」と聞いただけで反射的に「面倒くさい」といったネガティブな感情を持つ人もいれば、「運気が上がる」というポジティブな感情を抱く人もいます。けれど、ここで考えてみてください。辞書で「そうじ」と引いてみても「面倒くさい」とも「気分転換になる」とも書いてありませんよね？

そう、本来「そうじ」という行動自体には「面倒くさい」といった意味も「楽しい」といった意味もありません。

それなのに、「面倒くさい」というネガティブな「意味」をつけてしまっていたのは、

あなたの辞書はどっち？

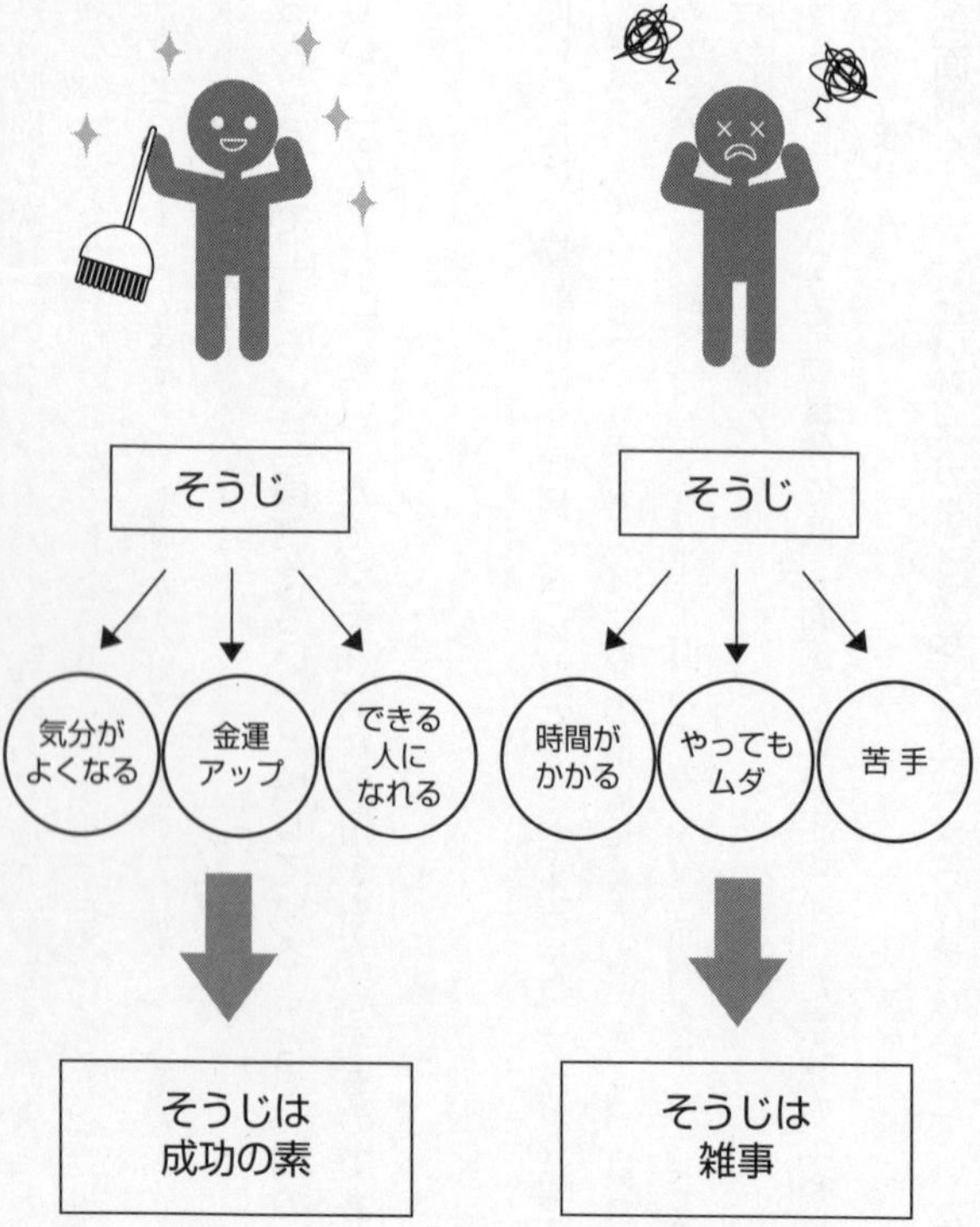

そうじ
気分が
よくなる
金運
アップ
できる
人に
なれる
そうじは
成功の素
そうじ
時間が
かかる
やっても
ムダ
苦手
そうじは
雑事

ほかならぬあなた自身なのです。

つまり、ものごとにすぐ取り組める人は、その行動に「楽しい」「自分のためになる」「未来につながる」という意味づけをしているのです。反対に、すぐ取り組めない人は「イヤだ」「できることならやりたくない」という意味づけをしてしまっているから、いつまでも先延ばしにしてしまうのです。

苦しい目標を作っているのは「意味づけ」だった

多くの人は、「自分には行動力がない」と思ってしまっています。

「すぐ先延ばししてしまうし、昨日決めたこともできない」

「書類が山積みになっているのに、つい急ぎではないメールを返してしまう」

「週に2回は運動しようと決めたのに、何もしないまま半年が過ぎてしまった」

「何をするべきかわかっているのに、行動に移すことができない」

講座のお客様からも、よくこのような声をいただきます。

アンソニー・ロビンズは言います。

「この世の中に行動力のない人なんていない。ただ、〝行動したくなくなる意味づけ〟をしてしまっている人がいるだけだ」

もし、何かを先延ばしにしてしまっているとしても、悪いのはあなたの行動力のなさではありません。

その行動に対してあなたがしている「意味づけ」がよくないのです。

じつは、この世の中には、「面倒くさい」ものなど1つもありません。

あるのは「面倒くさい」という感情を生み出してしまう「意味づけ」だけです。

人間は意味づけをせずにはいられない生きものです。どんなものにも、どんな行動にも、私たちは無意識のうちに自分なりの意味づけをしています。

そうじが嫌いな人は無意識のうちに「そうじ＝すぐ汚くなるからやってもムダなも

の」「そうじ＝大変」という意味づけをしてしまっています。だからいざ片づけ始めようとすると、心の中に「やってもムダだな」「面倒だな」という感情が芽生え、テレビを見るほうが楽しいので、おのずとリモコンに手が伸びてしまうのです。

「テレアポが苦痛でたまらない」という人は、知らないうちに「テレアポ＝冷たく断られる」とか「テレアポ＝まともに話を聞いてもらえない」という意味づけをしています。その**意味づけこそが「面倒くさい」「やりたくない」という感情を生んでしまう原因**となっているのです。

問題は「そうじが嫌いなあなた」や「テレアポが苦手なあなた」にあるのではないのです。「そうじ＝ムダ」「テレアポ＝断られる」という意味づけをしていることが問題なのです。つまり、**行動できない原因はあなた自身にあるのではなく「面倒だ」という感情であり、その感情を作っている「意味づけ」にある**ということです。

「面倒だなあ」と感じたとき、多くの人は「行動」を変えようとして、「面倒だ」という感情を押し殺し、テレビを見たいという感情を締め出して、そうじを始めます。

これが、大きな落とし穴なのです。

ですが、その「面倒」という感情を押し殺してそうじを始めたとしても、一時的に部屋はきれいになるかもしれませんが、あなたの心はつらくなってしまいます。

もちろん何度かは、その方法でそうじをすることができるでしょう。しかし、数日たてば、またあっという間に部屋は散らかり、ごみはたまり、洗濯物は山積みになる。そして、あなたはまた同じ問題に突き当たります。

そして、汚い部屋の真ん中で思うのです。

「さあ、今日はどんなごほうびを用意すればいいだろう?」

そう、根本的な問題を解決しなければ、結局毎回、同じ問題が目の前に立ちはだかるのです。そして、そのたびごとに手を替え品を替え自分をごまかして、やっとそうじをする。**そうじをする時間そのものより、自分の感情をごまかすことのほうに時間を費やしてしまっていたりします。**

けれど、どんなにごまかしても、そうじをしているときは「面倒だ」という気持ちのままなのですから、いつかごまかせる限度を超えてしまいます。「もう、こんなに面倒なら汚い部屋のままでいいかなあ」と思ってしまうときがやってくるのです。

つまり、「やるべきだけれど気が進まなくてできないこと」が目の前にあるときは、

行動を変えたいなら「意味づけ」を変えなさい

「行動」できるのは「意味づけ」のおかげ

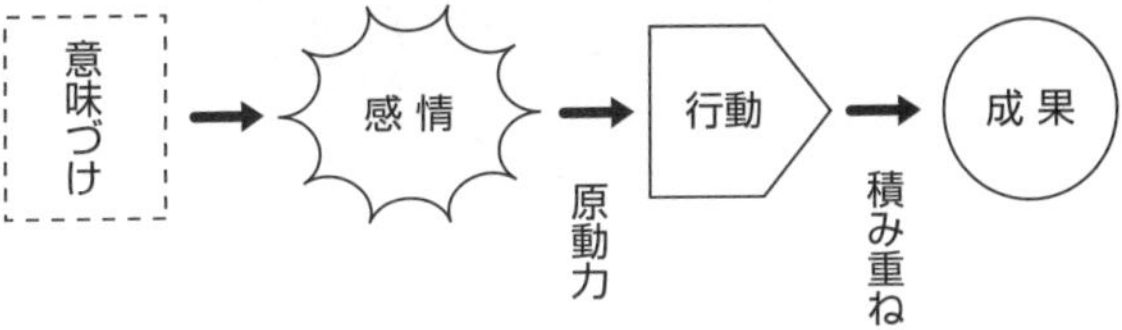

「やりたくないけどやらなきゃいけないこと」
があるときは……

×

「行動」そのものを変えよう！ → 続かない

○

「行動」の原動力である「感情」と、
「感情」を作っている「意味づけ」を
変えよう！ → ラクに行動できる

「イヤだけどやろう」と「行動」を変えてもあまり意味がありません。変えるべきなのは「感情」であり、その「感情」を作っている「意味づけ」だということです。

よく、ToDoリストを作ってタイムマネジメントをしようとして、いやだと思ったことでもそのまま強制的にリストに書き込んだり、スケジュールの中に組み込んだりしてしまう人をみかけます。そうすると毎日手帳を見るたび、やりたくないことを書き込むたびに、「いやだなあ、やりたくないなあ」と、マイナスの感情ばかりがふくらみ、結局は行動せず、先延ばしをすることになってしまうのです。

「やらなきゃいけない」を「やりたくてたまらない」にする法

欲しい結果があるのなら、そのために必要なやらなくてはいけない（できればやりたくない）ことにもきちんと取り組まなくてはいけません。「きれいな部屋」という結果を得たいなら、「そうじ」という行動は避けて通れませんし、契約をとるためにはアポイントメントをとる電話をしなくてはなりません。
自分自身の行きたいところに向かって、踏んでいかなくてはいけないステップそのものはどうあがいても変わらないのです。

ただ、**踏んでいかなくてはいけないステップをいやな気持ちで踏むのか、楽しい気持ちで踏むのかは、あなた自身で選択できます。**

自分で「意味づけ」を変えれば、すぐにでも「本当はやりたくないけどやらなくてはいけないこと」を「やりたくてたまらないこと」に変えることができるのです。

あれだけ面倒くさくてたまらなかったそうじや、やりたくなかったアポイントの電話も、ワクワクしながら取り組むことができるようになります。

もう、皆さんお気づきだと思います。

同じ行動であっても「意味づけ」が変わることで「やらなくてはいけないこと」か「やりたくてたまらないこと」かは一瞬にして変わるのです。

3種類の「意味づけ」の素

いよいよここから、「意味づけを変えて感情をコントロールする方法」についてお話ししていきましょう。

人は意味づけをするときに、頭の中の3つの箱に入った記憶を使っているということを「はじめに」でお話ししました。その3種類の記憶こそ、「意味づけを作る素＝原因」となっているというのは、先述したとおりです。

ここで詳しく説明しますが、私はその3つの箱に入った記憶をそれぞれ「過去記憶」**「現在記憶」「未来記憶」**と呼んでいます。

何か行動を起こすとき、人はこの3つのいずれかの記憶から影響を受けています。

そうじの好きな人は、すぐに頭の中にきれいになった部屋でくつろいでいる自分を思い浮かべたり、きれいになったら今よりきっと気分がいいだろう、などという「未来記憶」を自然と思い浮かべたりすることができるのです。その「未来記憶」に向か

意味づけは、3つの記憶からできている

過去記憶

例
あのとき「○○」と言われた
あのとき「××」なことがあった

現在記憶

例
今ほかに○○もやらなきゃ
これが終わったら……
○時までに△△しなきゃ

未来記憶

例
いつか○○したい……
○○になったらいいなあ
これを続けていると
○○になってしまうなあ

って行動を起こすと、イヤな感情を持つことなく、すぐに行動を起こすことができます。

一方、そうじが苦手な人は、「そうじをしてもすぐに散らかってしまった」という経験や、「時間がかかる」というイメージや、「そうじをしてよと文句を言われたこと」などを思いついてしまい、やる気をなくしてしまう……。それは、**イヤだった経験＝過去記憶の「量の多さ」に支配されてしまうから**なのです。

たとえば、「家」を思い浮かべてください――と言われたときに、皆さんはどんな家を思い浮かべるでしょうか？

自分が子どものころに住んでいた家でしょうか？　それとも今住んでいる家でしょうか？　もしかするとそのうちこんな家に住んでみたい――という将来の家を思い描いた方もいるかもしれません。

じつは、この質問を投げかけると、8割の方が昔住んでいた家のことを考えます。残りの2割近くの方は今住んでいる家を思い描き、将来住みたい家を思い浮かべる方は圧倒的に少ないようです。たまたま家の建てなおしを考えていたり、新居購入や引っ越しを考えていたりする方が未来の家を頭に浮かべるくらいです。

これは何を意味するのでしょうか？

それは、**人が、どの記憶を使ってイメージするかを決めるのは、「過去記憶」「現在記憶」「未来記憶」の3つのうち、もっとも多くの割合を占める記憶である**ということです。

もし、あなたの頭の中に昔の家に関する記憶が多ければ「家」と言われたら、子どものころに住んでいた家を思い出します。

記憶は「質」より「量」なので、新しかろうが古かろうが、味わった回数の多い感情を思い出してしまうものなのです。

同じように、「そうじ」と言われて思い浮かべるのも、自分の記憶の中でいちばん多くの割合を占めるものです。

「そうじをしても、翌日にはもう部屋が汚れてしまう」という過去記憶が多ければ、それに引っぱられてしまい、そうじをしようという前向きな気持ちになるのはとても難しくなります。

このように、そうじが嫌いという感情は「イヤだった、つらかった」というマイナスの過去記憶から作られていて、そうじが好きという感情は「うれしかった、楽しかった」というプラスの過去記憶から作られています。

プラスの過去記憶を持っている場合は、その行動が「好き」という感情を持っていますので、やろうと思えばすぐに行動することができます。

では、イヤなイメージを持っていることに関しては、マイナスの過去記憶を少なくすればいいのかというと、そうはいきません。「こんなイメージを抱いてはダメ、ダメ」と思うと、よりそのことについてのイヤなイメージを思い出してしまうため、かえってマイナスの過去記憶が増えてしまうのです。

では、そうじが嫌いという記憶でいっぱいになってしまっている人はどうすればいいのでしょうか？

じつは簡単です。

「そうじは楽しい未来につながる第一歩だ」という、未来記憶を増やせばいいだけなのです。

「そうじは嫌いだ」という感情を「好きだ」という感情に変えるには、そうじをするとどんなすばらしいことが起こるかという未来記憶を増やすしかありません。

もっとも大きな割合を占める記憶に影響を受けるのですから、そうじが苦しかったという過去記憶が70パーセントで、そうじをしたあとの部屋は快適だという未来記憶が30パーセントしかなければ、過去記憶に支配されてしまいます。

けれど、「そうじをしたら快適だ。あんないいことも、こんないいこともありそうだ」という未来記憶が51パーセントになった時点で、自然と「そうじとは、快適な生活を作る第一歩だ、やったら楽しいものだ」と意味づけされるのです。

つまり、ある時点で天秤《てんびん》が反対方向へ傾くように、「未来記憶」の占める割合が増えると、気づいたら「未来記憶」の持つ幸せなイメージを思い浮かべられるようになるのです。

多くの人は過去記憶に比べて、未来記憶の占める割合が圧倒的に少ないものです。

とくに、ストレスを感じやすい人ほど過去記憶でいっぱいで、次に現在記憶、そして未来記憶はほとんどないという状態になっています。

ですから、ものごとにもっとラクに取り組むためには、もともと少ない未来記憶を意図的に増やしていく必要があるのです。そうして未来記憶が多くなると、ポジティブな感情にスイッチを入れることができるのです。

未来記憶を増やすことができれば、自分がついつい後回しにしてしまっていたもの、苦手意識を持っていたものに対する意味づけを変えることができる――。そうすればおのずと感情にスイッチが入り、気持ちが切り換わるため、つらい思いをすることなく、楽しみながら次々に行動できるのです。

先ほどの「そうじ」を例にすると、そうじをすればああなるだろう、こうなるだろうという未来記憶を増やしていくと、「やりたくない」という感情が「やってもいいかも」と変わり、「やろうかな」と変わることを実感いただけると思います。

そうしてどんどん未来記憶を増やしていくうちに、ある時点で「そうじしなくちゃ損なんじゃないか？」という気持ちに切り換わるのです。これは、なかなか皆さんが今まで体験したことのない感情かもしれませんが、未来記憶が増えて大きな割合を占めるようになると、感情にスイッチが入るのです。

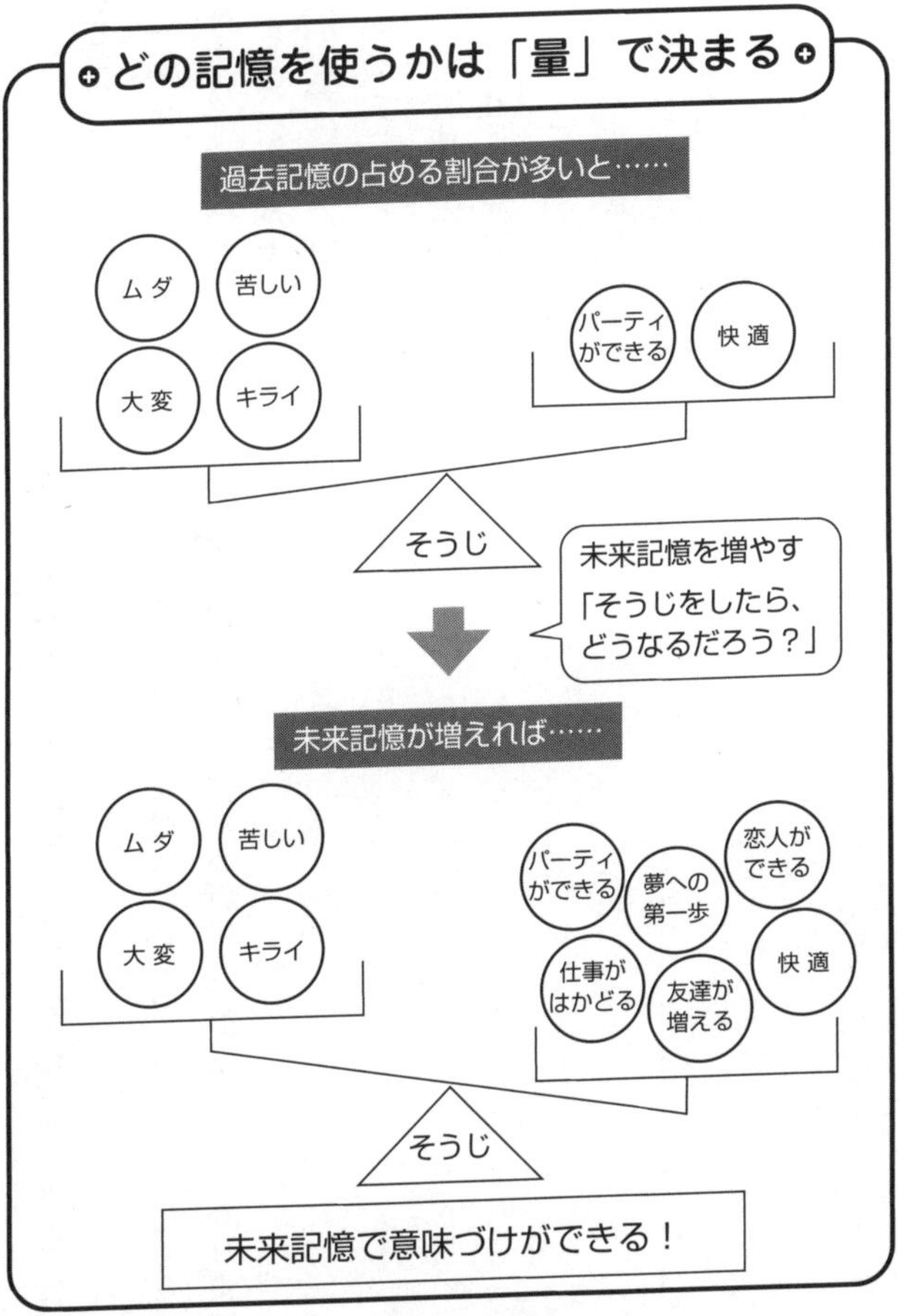
どの記憶を使うかは「量」で決まる
過去記憶の占める割合が多いと……
ムダ
苦しい
大変
キライ
パーティができる
快適
そうじ
未来記憶を増やす
「そうじをしたら、どうなるだろう？」
未来記憶が増えれば……
ムダ
苦しい
大変
キライ
パーティができる
夢への第一歩
恋人ができる
仕事がはかどる
友達が増える
快適
そうじ
未来記憶で意味づけができる！

こう思えるようになったときが、あなたの記憶の中で「未来記憶」が「過去記憶」を上回ったときです。

このポイントに達すると、今までなんとなく先延ばしにしていたことが、ためらいなくできるようになり、楽しみながら自分のためになる行動をとれるようになります。

すると、人生が大きく変わり始めるのです。

どうですか？　ワクワクしてきませんか？

では具体的にどうすれば未来記憶を作ることができるのか。

「未来記憶」の作り方をお話ししていきましょう。

「未来記憶」の作り方

前述のとおり、人はいちばん大きな割合を占める記憶の影響を受けてしまいます。

ふだんから未来記憶が多くを占めている人は、ものごとにためらいなく取りかかれる人です。普通の人が面倒で先延ばしにしてしまうことに、すぐ取りかかれる人。もしかしたら、あなたのまわりにもいるかもしれません。**これは一見、能力と思われがちですが、能力ではなく「習慣」の産物です。ですから、誰でも身につけることができます。**

人間は通常、過去記憶の占める割合がもっとも多いものです。ですから、ラクに行動に取り組むためには未来記憶を増やさなくてはなりません。

その行動をしたらどんな未来につながるのか、つまり未来記憶と取り組むべき行動を結びつけていくのです。

具体的な例として「そうじ」を挙げてみましょう。

まずは「そうじ」という行動からつながる未来を思い描いていきます。

「そうじをしたらどうなる?」

と自分に問いかけるのです。すると、

「部屋がきれいになる」

というような未来記憶が出てきます。これを続けていけばいいのです。

「では、部屋がきれいになったらどうなる？」

「もっと集中して本が読めるようになる」

「本が読めたらどうなる？」

「今までにないアイデアがひらめくかもしれない」

「アイデアがひらめいたらどうなる？」

その次はどうなる？　その次は……と質問を投げかけて、自分がポジティブな感情を持つ未来記憶を、階段のように積みあげていくのです。

この階段の一段一段は、すべて未来記憶です。この記憶はできるだけ多いほうがいいので、10個以上を目安に作ってみてください。

これを続けていくと、そのうちに小説が書けるかも、ベストセラー作家になれるかも……と心が躍るような未来にたどりつけるのです。

たとえば私の友人は「小栗旬君が部屋に来る。すぐに呼べるきれいな部屋で、楽しくお茶をする」という未来記憶を作ったら「ワクワクして、すぐにやらないと損だ」

という気持ちになったそうです。

この**「すぐにやらないと損だ」**という気持ち。

これが、「未来記憶」のポイントです。**この気持ちになるまで「次はどうなるのか？」という未来への階段の一段一段を出し続けていくのがカギです。**

でも、そこで終わってしまうと単なる夢見る人、妄想癖のある人になってしまいますのでご注意ください。

小栗旬君を夢見ているだけでは、そうじは始まりません。そこで最初にもどって、そうじという行動と小栗旬君をつなげなくてはなりません。

その未来記憶と行動のかけ橋となるのが「意味づけ」です。

つまり、**「そうじ」＝「小栗旬君と仲よくなる第一歩」という意味づけをする**のです。

そうやって心が躍るような意味づけができた瞬間、感情にスイッチが入ります。嫌いだという記憶の量よりも好きだという記憶の量が多くなるので「今すぐ行動したい」という気持ちに切り換わるのです。

「もう先延ばしにしている場合ではない」と感じられるようになる。

そうなったら、もうこの本を閉じて、その行動を始めてしまったほうがいいでしょう。**取り組みたくてしょうがないという感情がわいたら、未来記憶を増やすことに成功したということです。**

では、ほかにもいくつか例を挙げてみましょう。

【未来記憶の作り方：ダイエット・女性版】

ダイエットをする→スリムになる→おしゃれが楽しくなる→身なりや着こなしにも気を遣う→周囲の人にほめられる→新しいおしゃれをしたくなる→街へ出かけたくなる→街角でスカウトされる→モデルになれる→雑誌の表紙を飾るカバーガールになれる！

これは「ダイエット＝苦しい」という意味づけから、「ダイエット＝雑誌のモデルになれる第一歩」という意味づけに変えた例です。モデルになれる第一歩という意味づけが、目の前にあるケーキよりもワクワクできるならば、ケーキを食べなくてもストレスを感じることはないのです。

未来記憶の階段を作る

・そうじをしたらどうなる？
　→ 部屋がキレイになる
・部屋がキレイになったらどうなる？
　→ 仲間を呼んでパーティができる

………これを繰り返すだけ！

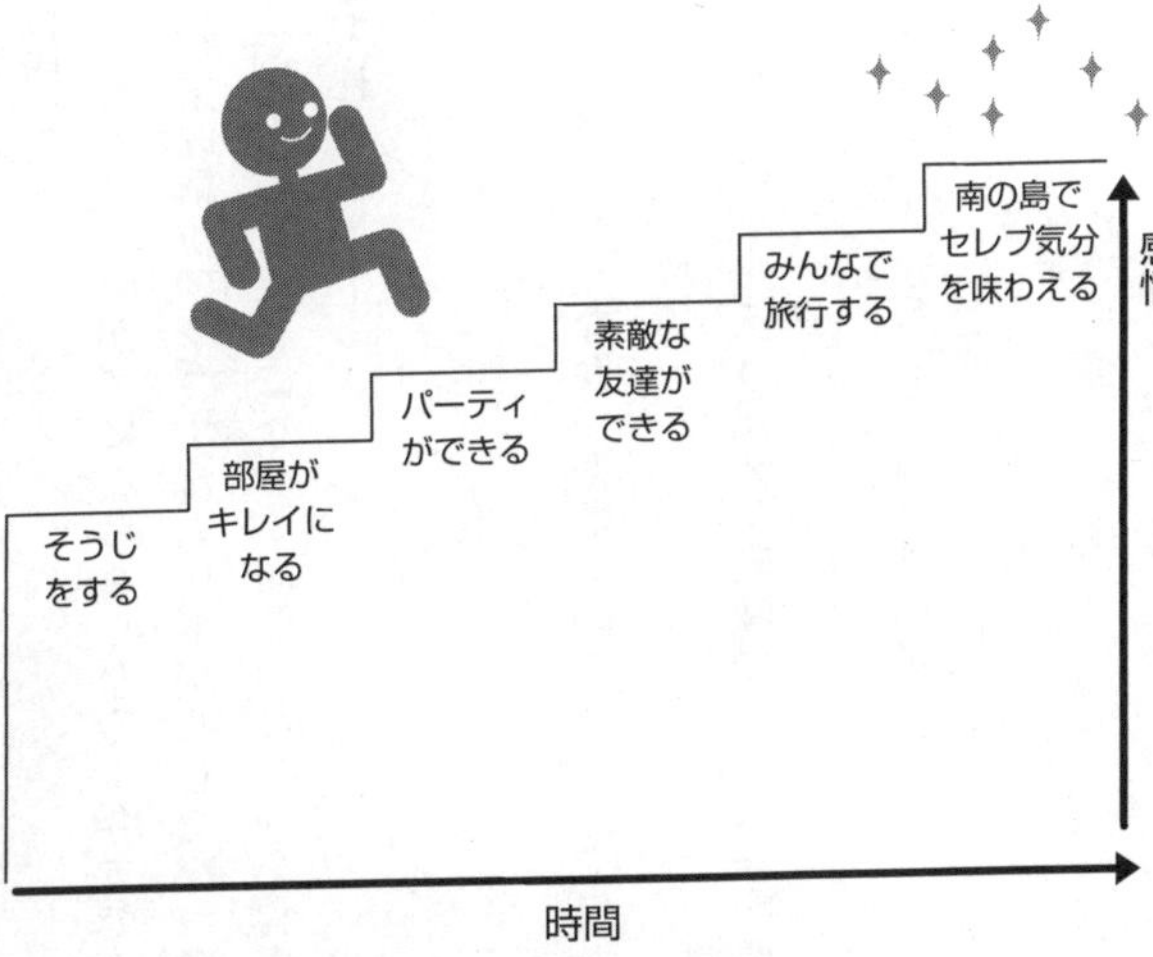

そうじをする
部屋がキレイになる
パーティができる
素敵な友達ができる
みんなで旅行する
南の島でセレブ気分を味わえる
感情
時間

【未来記憶の作り方：ダイエット・男性版】

ダイエットをする↓体が軽くなる↓歩きまわるのが苦にならなくなる↓今までよりも多く営業先をまわれるようになる↓営業成績がアップする↓仕事が楽しくなってくる↓周囲の人に変わったとほめられる↓社内の人気者になる↓同僚の女の子を食事に誘えるようになる↓恋人も出世も手に入れられる！

いかがですか？

「ワクワクする未来記憶」を作ることで、やりたくなかったはずのことが、やりたくてたまらないことに変わっていくのです。

その結果のための行動であればぜひやりたい——そう思える意味づけを未来記憶で作ることが大切です。

単純すぎるように思えるかもしれませんが、人が行動するときの理由は、とてもシンプルなものなのです。

記憶は「質」より「量」が大事

人間というのは慣れる生きもので、一度よい未来記憶を作っても、それにときめかなくなるときがかならず訪れます。

三日坊主、という言葉があるように、一度上がったモチベーションも、慣れてしまえばなんとなくやる気が下がってきて、結局続かない、という経験が誰にもあることと思います。人間とはそういう生きものなのですから、それは仕方ないこと。自分のせいではありません。ですが、目標を達成するためには行動し続ける必要があります。

未来記憶メソッドを使えば、この「やる気が下がる問題」を簡単に解決できます。

なぜなら、未来記憶と過去記憶の占める割合を比べて、未来記憶のほうが多くなれば、またすぐに行動したいという気持ちを持つことができるからです。

やる気がなくなってしまったときには、新たな未来記憶を増やし、新たな意味づけをすればいいのです。

たとえばダイエットをしたいという目標を持った人が「恋人が欲しい」とか、「出世したい」といった自分の私利私欲のための意味づけでときめかなくなったとします。そういうとき、「いつか困っている人を助けるためにもやはり身体は鍛えておくべきだ」という未来記憶を作ったほうが感情にスイッチが入るようになるかもしれません。

つまり、ダイエットという行動に対しての新たな意味づけを考えなおすのです。

未来記憶を作るときに忘れてはいけないのは、「感情が動くまで作り続ける」ことです。

自分に自信のない人でも、自分が「こうなる」という未来記憶を持つことで、「できないかもしれない」などと考えることなく、自信を持って行動できるようになります。つまり、未来から自信をもらうようなものです。でも、そこで感情が動かないようでは、単なる言葉遊びにしかなっていないということなのです。

よくあるのは、未来記憶の階段が、数段で止まってしまうパターンです。たとえば、ダイエットをすれば、3キロやせられます→3キロやせられたらショッピングに行きます。でもその先は考えられません……という具合です。このように未来記憶が少ないと感情は動きませんし、目標を達成する前に過去記憶に引っぱられて挫折してしま

「感情」という燃料を燃やして行動する

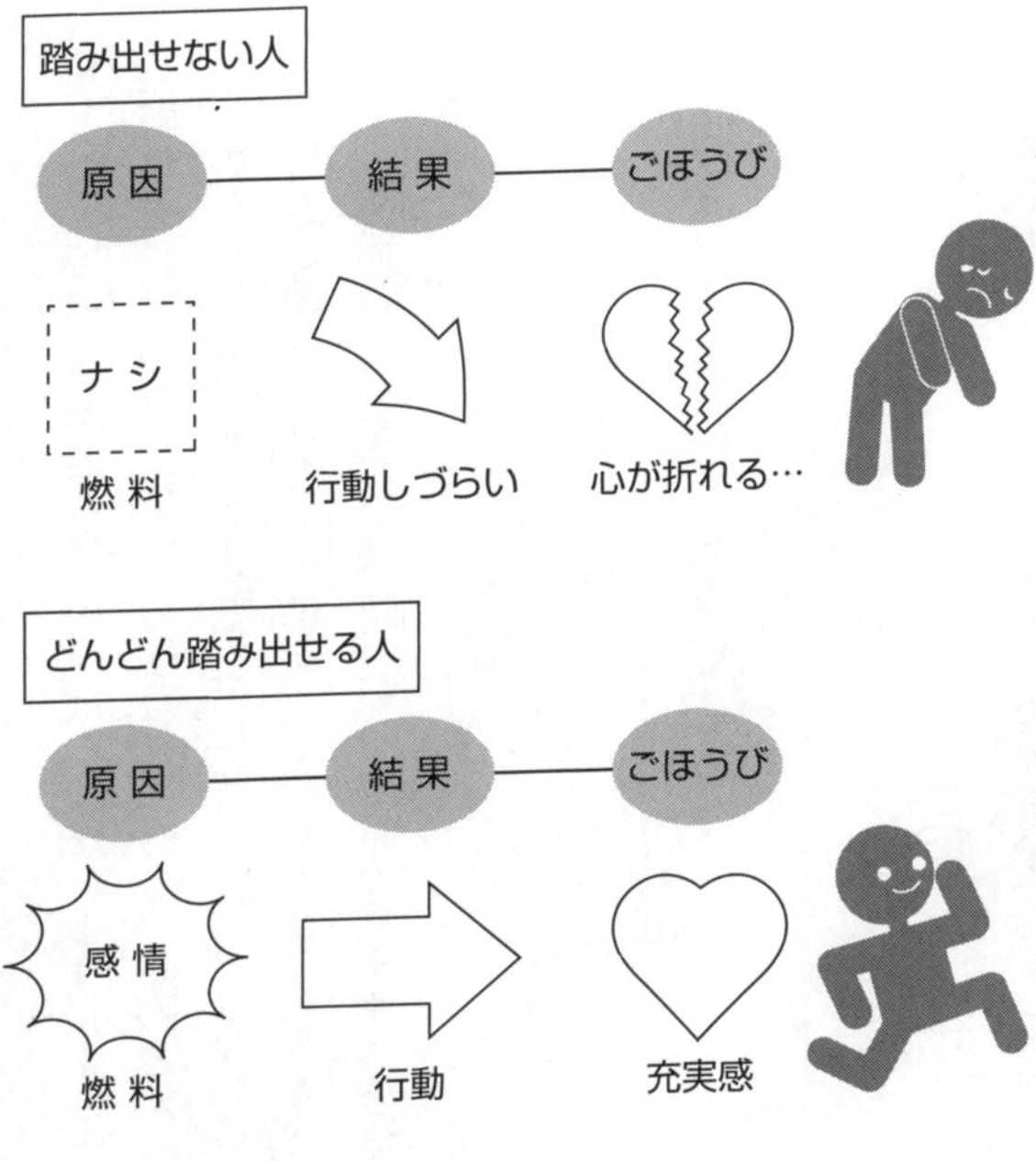

います。

何もしなくても自然と増えていく過去記憶に引っぱられないようにするためには、とにかく意識して未来記憶を作り、未来からそのまた未来へと、どんどん階段を上っていくことを習慣にするのが効果的です。すると「やらなくてはいけないこと」は「やりたいこと」に変わり、自然と続けられるようになっていることでしょう。

感情は「燃料」です。未来記憶を増やし、感情という燃料を燃やすことで、どんどん行動できるようになるのです。

なぜ、多くの人は目標を達成できないのか？

多くの人が目標達成できないのには、もう1つ理由があります。それは「できないという思い込み」があるからです。

自己啓発の祖といわれるナポレオン・ヒルの著書『成功哲学』（きこ書房）によれば、

「人は何回チャレンジしたらあきらめるか」という調査を3万人の男女にしたところ、**なんと平均で1回以下という驚くべき結果が出た**とあります。つまり、ほとんどの人はチャレンジする前にあきらめているということになります。

また、アンソニー・ロビンズのトレーニングでは、さらに衝撃的なことを聞きました。

それは**「夢の平均寿命は0・2秒だ」**ということです。

それくらい、多くの人は「これをやりたい」と思っただけで、行動をせずにあきらめてしまうのです。

本来、「自分はできない」というのは、確固たる事実ではなく単なる思いつきにすぎません。しかし、その思いつきに「できなかったという過去記憶」が加わってしまうと、強化されて「できないだろう」という思い込みになってしまうのです。

もちろんこれは、「できなかった」という過去の事実を忘れ去らなければいけないということではありません。過去記憶の使い方が間違っているのです。

「なぜあのときはうまくいかなかったのだろう？　そこから学べることは何だろう？」というふうに原因を解明することに使えば、その事実は次のステップへ進むのに役に立ちます。

しかし、「過去にできなかったから今回も無理かもしれない」と考えることに使ってしまうと、「できないという思い込み」を作ってしまうことになるのです。

アンソニー・ロビンズは言っています。

「人がとっている行動を作っているのはその人の思考ではなく、その人の感情である」——と。

行動を決定するのはその人の能力でもなければ、意思や思考でもない。その人の感情の状態です。

アポイントの電話ができないのは電話のプッシュボタンを押す筋力がないからでも意志が弱いからでもありません。アポイントの電話をするのにはそれにふさわしい感情の状態があり、そうなっていないと行動に移すのは難しくなるのです。

たとえば仕事でプレゼンするときと、お風呂でリラックスするときとが同じ感情ではいけません。必要なのは、その場でもっともパフォーマンスが高まるような感情をデザインするということです。

できないという思い込みや自分には行動力がないという思い込みは、前述のような最悪のスパイラルにはまる原因となります。

つまり苦しい感情のまま我慢して行動していると、本人はがんばっているつもりでもやる気は減るし、パフォーマンスは下がってしまうということです。プラスの感情で努力を積み重ねたときとマイナスの感情で積み重ねたときの差は、はじめはほんのわずかなものかもしれませんが、1年もたつと、とてつもなく大きな差になっているのです。

ネガティブな感情で行動をしようとすると、やりたくないから先延ばしにしたり手を抜いたりしてしまう。これではいつまでたっても夢はかなえられません。

苦しまずに達成するためには、感情を味方につけるのがベストな方法です。苦しいという感情に逆らって行動するのではなく、未来記憶を増やして感情そのものを変えれば、楽しみながら行動することができるようになるのです。

「ラクにやる」ということを大切にしていると、あなたも、気づいたら目標が達成できる最高の人生を歩んでいたということになるのです。

第2章

2倍速く
達成できる
目標の立て方

「未来記憶」で目標を立てると、2倍速く達成できる

第1章では、未来記憶を使って「やるべきこと」に簡単に取り組む方法をお伝えしてきました。この章では、未来記憶のさらなる使い方として、自分の立てた「目標」をラクに、しかも「2倍速く」達成するコツをお伝えしたいと思います。

いつもラクに目標達成をしている人は、無意識のうちに「過去記憶」を横に置いて、「未来記憶」で目標を設定しています。未来記憶を使って目標を立てることで、行動せずにはいられない感情を作り、実際に行動に移すことができるようになります。目標を達成できるかどうかは、どれだけ行動できるかにかかっています。ですから、**未来記憶を使って目標を立てることで、「2倍速く」達成することが可能になるのです。**

目標には、「達成するまでずっと苦しい目標」と、「達成するまでラクに行動し続けられる目標」の2種類があります。

人は感情の生きものですから、「マイナスの過去記憶」を使って立てた、苦しい感情がともなう目標は行動に移しづらくなります。目標を達成するには、行動することは避けて通れません。ですから、行動しづらくなるということは、その目標を達成するのが困難になるということなのです。

反対に、「未来記憶」を使ってワクワクした感情がともなう目標を立てると、行動が行動を呼ぶようになります。すると、短期間でたくさんの行動をすることが可能になるので、目標が早く達成できるのです。

「月末までに達成したい目標のことを考えると、胸がときめいてワクワクして、寝るのがもったいないいんだ！」と言っている営業マンと、「月末までに達成しなければいけない目標のことを考えると、胸が苦しくなって、食事がノドを通らないんだ……」と言っている営業マンでは、その結果が違うことは容易にご想像いただけるのではないかと思います。

なぜ、未来記憶を使って目標を立てると「2倍速く」達成できるのか。

それは、悩んだり、迷ったり、ぶれたりする時間を省くことができるから。また、

ワクワクした気持ちで次から次へと行動ができるので、望む結果が出やすくなるからです。

つまり、未来記憶を使って「感情を味方にしやすい目標設定」をすることが、ラクに、そして早く達成するコツなのです。

かなわない目標を立てている人の5つの勘違い

多くの人は、目標を立てることに苦手意識を持ってしまっています。

なぜかというと、「これまで何度も立てたけれど達成できなかった」とか、「立てたはいいけど忘れてしまった」など、うまくいかなかった過去記憶を持っているからです。そのため、いつも、かなうかどうかがわからない不安な感情を持ちながら行動をすることになり、結果的に行動するのがおっくうになってしまうのです。

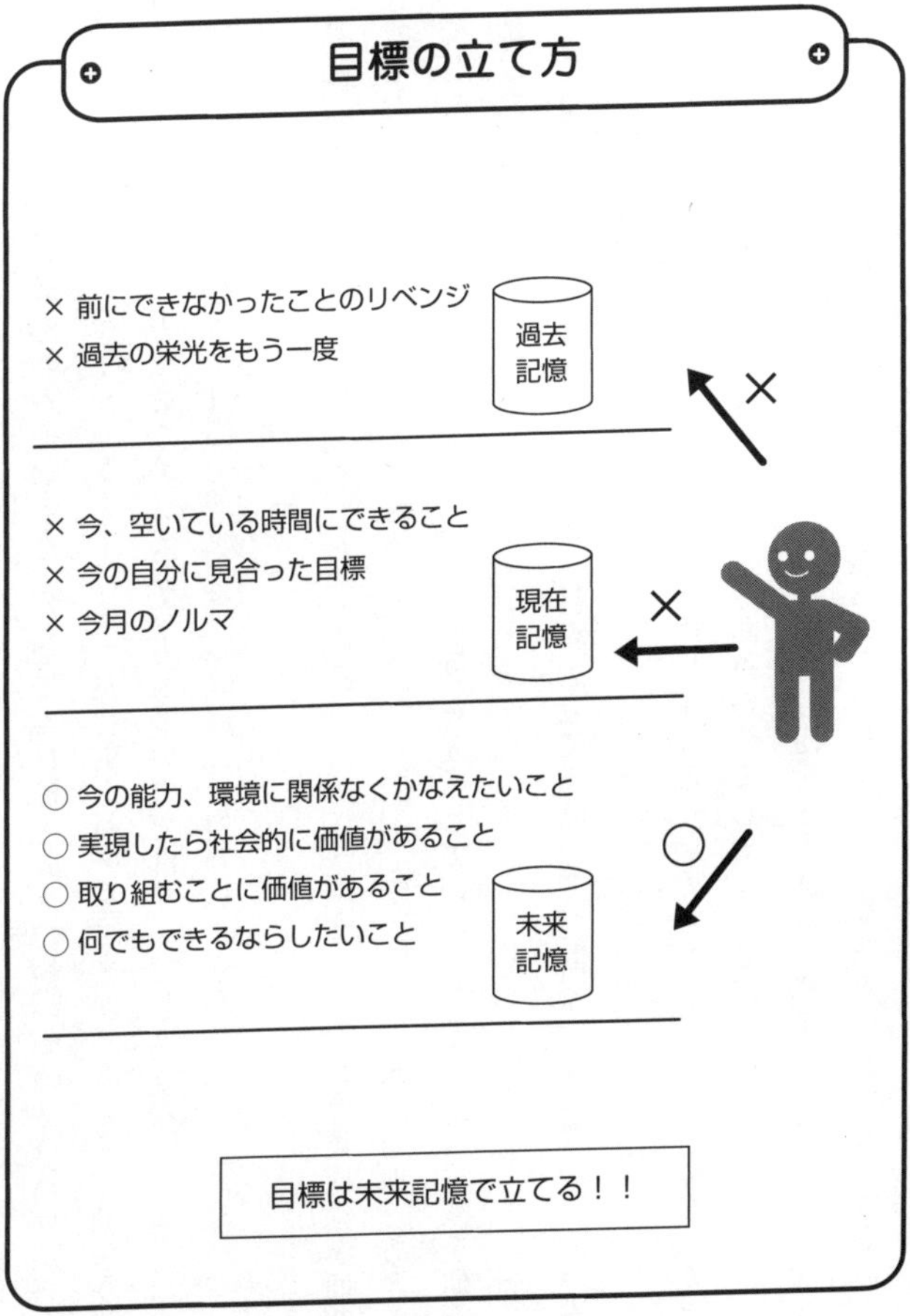
目標の立て方
× 前にできなかったことのリベンジ
× 過去の栄光をもう一度
過去記憶
×
× 今、空いている時間にできること
× 今の自分に見合った目標
× 今月のノルマ
現在記憶
×
○ 今の能力、環境に関係なくかなえたいこと
○ 実現したら社会的に価値があること
○ 取り組むことに価値があること
○ 何でもできるならしたいこと
未来記憶
○
目標は未来記憶で立てる！！

これまで、たくさんの本やセミナーなどで「目標達成」についてのノウハウが語られてきました。モチベーションを上げる、具体的な行動をこまかく考える、期限を設ける……このような方法をためしてみた方も多いのではないでしょうか。

では、それでもなぜ、目標を達成するのは難しいのでしょうか？

私は、アンソニー・ロビンズの教えを広めるために、さまざまな目標達成術を研究しました。「なぜ、この方法では目標が達成できないのか」「なぜ、人は途中であきらめてしまうのか」……そう考え、いつも目標を達成している人とそうでない人を研究し続けた結果、わかったことがあります。

それは、**目標を達成できない人は、目標を立てる時点で、間違った「思い込み」を持ってしまっているということです。**

目標に対して間違った思い込みを持ってしまうと、いくらがんばって行動をしたとしても結果につながらず、結局は途中であきらめてしまうことになるのです。

それがわかってから、私の講座では、目標設定をする前に、まず目標に対する間違った「勘違い」をなくすことから始めるようにしました。すると、お客様の顔がみるみる輝き、「なぜ、今まで自分が目標を立ててもうまくいかなかったのかわかりました！」という声を多数いただくようになりました。そして、そのあとに正しい目標の立て方をお伝えすると、**目標を達成できる確率が劇的に上がった**のです。

多くの人の目標達成を邪魔している「勘違い」は5つあります。

◆勘違い1・目標は「未来」を変えるもの

もっとも多くの人が勘違いしているのは、目標とは「未来」を変えるものだと思ってしまっていることです。

「え？　目標って未来のことなんだから、自分の未来を変えるんじゃないの？」

もしあなたがそう思っているならば、じつはそれがあなたの目標達成を苦しくしてしまっているいちばん大きな原因なのです。

たとえば、

「3か月後までに、3キロやせる」

「30歳までに、300万円貯金する」

「2年後には、司法試験に合格する」

たしかに、これらの目標は、「3か月後までに」とか「30歳までに」とか「2年後には」となっています。一見、未来を変える目標を立てているかのように見えます。

でも、考えてみてください。そもそも、目標を立てる理由とは何でしょうか?

やる気を出すため?

人生のゴールを明確にするため?

いいえ、違います。**目標を立てる理由は、目指す未来を実現するために、今どう行動したらいいのかを明確にするため**です。

たとえば、目的地の役割は、これから自分がどこに行くか、どんな交通手段をとるかを決めることです。飛行機に乗るのか、駅に向かって一歩歩き始めるのか、タクシーに乗るために右手を上げるのか……目的地が決まれば、次に自分がとる行動を決めることができます。それと同じように、「将来、ここに行きたいから、〝今〟これをする」という、「今」に影響を与えるのが目標の最重要ポイントです。

その目標を立てたことで、朝起きる時間が変わる、通勤時間での行動が変わる、あいさつが変わる、人への態度が変わる、仕事のスピードが変わる、アフターファイブの目つきの真剣さが変わるなど、「今」を変えるのが目標の役割なのです。

つまり、**「未来」を変えるのは「今」の行動。ですから目標とは、遠い未来だけではなく「今」を変えるものであるべき**なのです。

正しく目標が立てられているかどうかは、その内容によって決まるのではありません。目標を立てたあとの行動が「どれだけ変わったか」によって決まるのです。これは、とても大切なポイントです。

「3か月で5キロやせる！」という目標を立てながら、おなかいっぱい夕食を食べたあとにケーキを食べているのなら、その目標は正しく立てられていないのです。なぜなら、今の食事を変えることができていないからです。

「社内でMVP受賞！」という目標を立てたときから、まわりの先輩への質問の仕方が変わったり、今までしていなかったお客さんへの紹介のお願いを出せるようになったりするならば、その目標は正しく立てられているといえます。なぜなら、今の仕事への取り組みが変わったからです。

また、目標を決めると、自分の「決断の方向性」がぶれなくなるのも、とてもよいポイントです。

目標があってもなくても、人は24時間行動し、さまざまな決断をしています。朝起きたらまず歯を磨くのか、1日の計画を立てるのか。会社に行ってまずは一服するのか、何はさておきアポイントをとるのか——。人は日々、無数の行動をしています。そしてその行動は、自分の決断によるもの。

いうなれば、**生きるということは行動や決断の連続なのです。**しかもその行動や決断によって、手に入れられる結果は大きく変わるのです。

ひとつひとつの決断の方向がバラバラだったり、目標とは相反する方向に向いてしまったりしていては、自分の欲しい結果は遠ざかっていってしまいます。でも、**目標をしっかり持っている人は、1日におけるすべての行動や決断を、目標を達成するためにおこなうことができるので、効率的に望む結果を手にすることができるのです。**

つまり、目標とは「未来を変えるもの」ではなく、あなたの感情にスイッチを入れて「今を変えてくれるもの」なのです。

目標があると行動がぶれない

目標がないと…

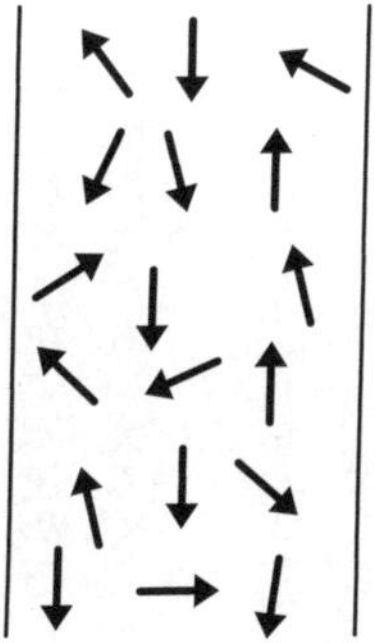

1日の行動の
方向性がバラバラ

⇩

非効率
疲れるのに進まない

あなたはどっち?

明確な目標があると…

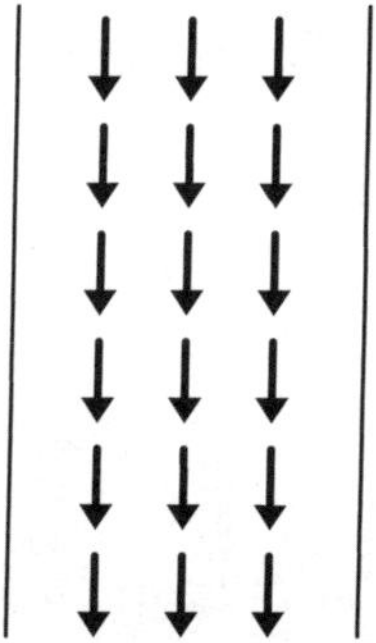

1日の行動の
方向性が1つ

⇩

効率的
少ない努力で結果が出る

◆勘違い2・目標を「できるかどうか」で決める

多くの人は「目標設定恐怖症」ともいえるぐらい、目標設定を恐れているように思えます。たとえば、

・「達成できなかったらどうしよう」と、やる前からおびえる
・「こんなのやったことがない」と、過去の実績がないことに焦りを感じる
・「やり方がわからない」と、方法・やり方を知らないことに不安になる

こんな気持ちになったことはありませんか。

私自身もこう思ってしまった経験がありますが、これでは、せっかく目標設定をしても、感情がマイナスに傾いてしまうため行動がともなわず、「今」を変えることはできなくなってしまいます。

私はこれを「できるかどうかトラップ」と呼んでいて、講座のお客様や自分自身がその罠《わな》にはまらないように気を配るようにしています。

「できるかどうかトラップ」は、「自分はやればできる!」と思い込むことで、一時的におさえ込むことはできますが、これでは毎回自分を奮い立たせることが必要にな

るので、「ラクに」結果を出しているとはいえません。その場しのぎでなんとかするのではなく、ラクに行動をし続けるためには、根っこにある「勘違い」を取り除くことが必要です。

そう、2番目に多い「勘違い」とは、「目標を立てるときに、まず、できるかどうかを考えてしまう」ことなのです。


「3か月あれば、5キロやせることができるだろうか」

「3年で収入を2倍になんてできないから、そんな目標はバカバカしい」

「3年かければ英語の入門ぐらいはできるようになるんじゃないかな」

「1年で、フランス語を覚えるのは無理に決まっているじゃないか」

こんなふうに思ってしまう人は、2番目の勘違いにはまっていると考えられます。


ここで、大事な質問をさせてください。

「できるかどうか」を考えるとき、人は3つの記憶のうち、どの記憶を使っているでしょうか。

答えは「過去記憶」。つまり過去の経験や出来事の記憶を使って判断するのです。
「昔、4か月で5キロやせられた」という過去の出来事をもとに「3キロやせたいから、今回も4か月あればできるだろう」という目標を立ててしまうのは、4か月後のことを考えているようにみえて、実は過去の記憶を引っぱり出しているだけなのです。

「できるかどうかを考えすぎて、行動できない」

この「できるかどうかトラップ」に惑わされていては、「できないかもしれないからやらない」と、はじめから取り組むことを放棄することになりかねません。すると、何も挑戦することなく、達成感を味わうこともできずにただ時間が過ぎていってしまいます。それでは人生の質は下がる一方です。

「過去記憶」を使うとしても、過去にできたことより高い目標を立てるのであればいいのですが、できなかったことを思い出して「できるはずがない！」と思い込んでしまうと、目標を立てる段階であきらめてしまうことになるのです。

ですが、**「今」はつねに、過去と未来の分岐点**です。「今」何をするかで、過去にはできなかったことができるようになります。

10年後に何ができるかを決めるのは、その人が10年間にどんな行動をしたかということ、そしてその人の10年後の能力です。10年後に何ができるようになっているかなど、誰にもわかりません。もしかしたら10年後の自分は、今のあなたが考えている以上に大きな能力を持っているかもしれません。だから、できるかどうかを今考えても仕方がないのです。

まして「できないかもしれないからやらない」のでは、何も挑戦せずに達成することもなく終わるさびしい人生になってしまいます。そんなことでは、これからもっと大きくなる可能性を秘めているあなた自身の能力がもったいないと思いませんか？

「できるかどうかトラップ」にはまらないためには、「この目標には、取り組む価値があるかどうか？」と考えることがもっとも効果的です。

「できるかどうか」は置いておいて、「これが実現したら、社会的に価値があるな」「これができたら、自分は成長するな」というものを目標として立てるのです。

たとえば、「3年で年収2倍という目標を立てたら、自分自身が新しいことを学べたり、新しい人と出会えたりしそうだ。これは取り組むこと自体に価値がある！」と思えるならば、3年で年収を2倍にするというのは目標になるのです。

もしくは、「1年でフランス語を覚えるというのは、まったく勉強したことがないからできるかわからないけれど、ずっと勉強したかったことだし、新しいことに挑戦してみたかったからな。これは、取り組むこと、それ自体に価値があるじゃないか」と思えるならば、1年でフランス語を覚えるというのは目標になるのです。

目標とは、もしそれが達成できなかったとしても、「今」の言動を変え、確実に自分を成長させてくれるものであるべきなのです。

今、海外へ渡って活躍するスポーツ選手が数多くいます。しかし、その選手のほとんどが「海外で活躍できるから渡る」というよりも、「海外で自分をためすこと自体に価値がある」と思って渡っていくのです。だから、どんな結果であれ、その結果に落ち込むことなく、また自分自身を高める練習に集中することができるのです。

目標を立てるときには、できるかどうかは置いておいて、取り組むこと自体に価値があるかを考えることが大事です。

◆勘違い3・目標達成ができない自分はダメだ

私のおこなっている講座に、このような経営者の方がいらっしゃいました。

「今まで、目標達成ができない自分は、ダメな人間だと思っていました。営業の目標を達成できなければ『なんてダメなんだ！』と自分を責めていました。同じように、社員が目標を達成できないときには、彼らを怒鳴りつけていました。すると、社員たちは私のことを怖がるようになり、退職者もどんどん出るようになりました。自分自身も、社内全体もとても重苦しい雰囲気だったのです」

多くの人は、目標を立てたら、それを「達成」するのがいちばん大事なことだ、と思ってしまいます。

中学校や高校の「通知表」を覚えているでしょうか？　通知表の評価はだいたい、定期テストの点数によって決まります。ふだんどれだけサボっていても、テストの前に一夜漬けで暗記をしたら、よい評価をもらえることもあります。本当に力をつけたかどうかというよりは、「その時」だけでも結果が出せるかどうかが勝負です。

その評価方法に慣れてしまっている私たちは、結果が出ればよいと思いがちです。

しかし、どんなにすばらしい結果を出せたとしても、そこに「中身」がともなっていなければ、長続きさせることはできません。

テストとは違い、**人生においては、一瞬だけ結果を出せればいいのではなく、結果が出せる自分で「あり続ける」ことが重要**です。

「ダイエットをして40キロになる」という目標を掲げたときに大切なのは「1日だけ40キロになる」ことではなく、「40キロの自分でい続ける」ことだからです。

人生の目標は、何を達成するかではなく、どんな人に成長するかです。先ほどの経営者の方はこのことをしっかりと学ばれ、職場で驚くほどの変化を経験されたそうです。

「目標達成できない人はダメな人だという勘違いに気づき、達成できたかどうかよりも、どれだけ成長したかということに気をつけるようにしました。すると、今までだったら自信を失うだけだった目標未達成も、そこからどう自分を成長させられるかと考えられるようになりました。また、部下との関わり方の中でも、どうやったらもっと成長させられるかを考えるようになったのです。結果的に、自分も目標を達成できるようになったし、社員もしっかりと成績を上げるようになり、今までビクビクしていた社員が自分から相談に来るようになり、退職者も減りました。成果も出て人も育つようになったのに、私自身は以前に比べてとってもラクになりました」

社長は、そのように話してくださいました。

「月300万円稼ぐ」という目標を立てたとしたら、それは「月300万円を自然と稼ぐことのできる自分に成長する」ということなのです。「3か月で5キロやせる」という目標を立てたら、それは同時に「今よりも5キロやせていることが自然な自分に成長する」ということなのです。

目標とは、「成長すべき自分の姿」を明確にするための手段です。だから、いつもラクに目標達成をしている人は、高い目標を見たときに「これを達成しているときの自分ってどんな自分だろう？　そんな自分に成長するってどんな気分だろう？」ということを考えて、ワクワクしているのです。それがまさに自然と「未来記憶」を増やしている状態なのです。

目標を立てる本当の目的は「成長すること」であり、「達成」はその手段にすぎません。そして、成長しているからこそ、もっと目標の達成がラクになっていくのです。

このサイクルが回り出すと、成長も達成も大きく加速していきます。

◆勘違い4・達成するまで、目標は変えてはいけない

私が初めてアンソニー・ロビンズのセミナーに行ったときのことです。

セミナーの中に、「目標設定」の時間がありました。約3000人が集まる会場で、みんながいっせいに目標を書き始めました。何分たったのかわからないほど集中して書き続け、さらに、書き出した目標の中から1年後に実現したいものを選び出すワークでした。

そこで、アンソニー・ロビンズが、こう言ったのです。

「みんな！　1年後の目標は選べたかい？」

「YES！」

「それを見るとワクワクして、エネルギーがわいてくるかい？」

「YES！」

「それが実現したときのことをイメージするとどんな気持ちだい？」

「YEAH！　OH　YEAH!!」

「OK、そしたら、4か月後に、また1年後の目標を立てなおすんだ」

「……!?」

会場内は混乱におちいりました。私自身も、そのときは彼の言っている意味がよくわかりませんでした。

「せっかく1年後の目標を立てたのに、4か月後にまた1年後の目標を立ててしまったら、いつまでたっても達成できないじゃないか……」

みんなの疑問を察したのか、アンソニー・ロビンズは語り始めました。

「いいかい、**目標の役割は、あなたを成長させること**だ。4か月ものあいだ、1つの目標に向かって進んでいけば、あなたは4か月後、とても成長して今とは別人のようになっている。成長したおかげで、まったく違う世界が見えるようになっているんだ。違う世界が見えているのに、まだ前の目標にこだわっている理由はどこにあるんだい？　より魅力的な質の高い世界が見えたら、そこに目標をシフトしなければならないんだ。もっとあなたを成長させてくれる目標にシフトすることが大事なんだ」

たとえるならば、目標達成とは、地平線に向かって進むようなものです。

地平線に向かって進んでいくと、次から次に新しい景色が見えてきます。すると、以前地平線だと思っていたところは、今はもう目の前にあり、視線の先にはまた新しい地平線が広がっているのです。ですから、自分が成長して新しい景色が見えるようになったら、それを目標として「再設定」することが大事なのです。

つまり、半年前に立てた目標はあくまでも半年前の自分にふさわしかったものであり、半年のあいだに成長した自分にはさらにふさわしい目標があるということです。ですから、それを新たな目標として設定しなおさなければならないのです。

目標の役割とは「今がどれだけ変わるか」であり、「自分をどれだけ成長させるか」でした。つまり、**「もっと今が変わる」ように、「もっと自分が成長できる」ように、目標を再設定していくことが大事**なのです。

ちなみにアンソニー・ロビンズは、毎日目標を設定しなおしているそうです。

目標とは地平線のようなもの

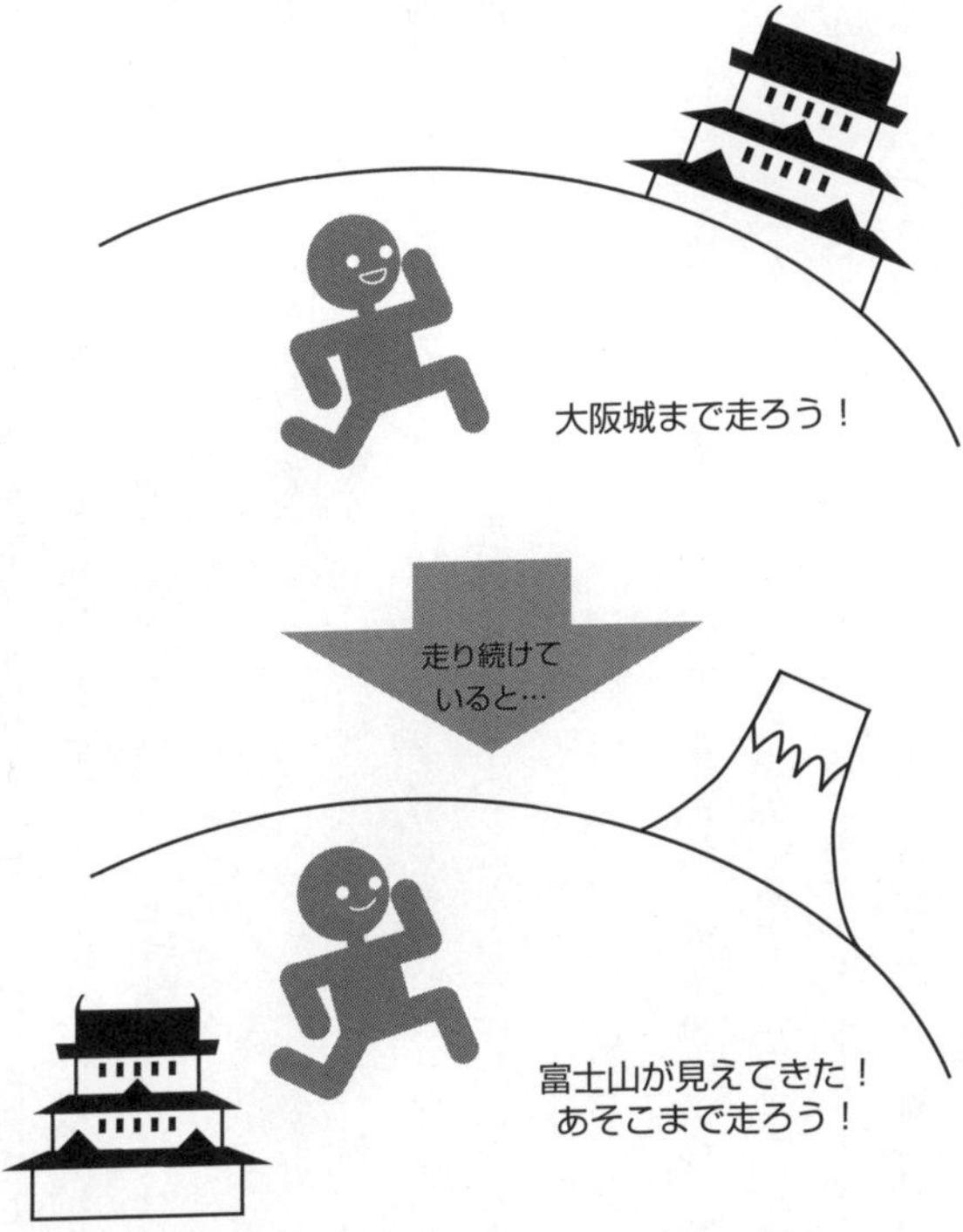

大阪城まで走ろう！
走り続けて
いると…
富士山が見えてきた！
あそこまで走ろう！

どんどん新しい景色が見えてくる

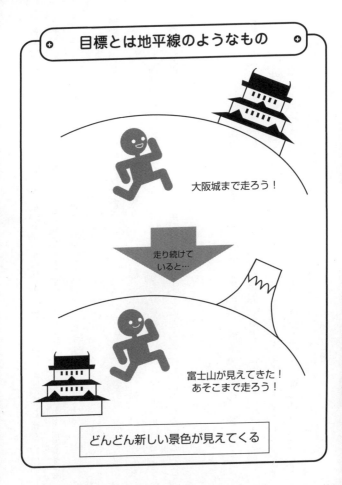

ただし、行動をしていないにもかかわらず、コロコロと目標を変えてしまうのは、ただ「飽きている」だけですので、ご注意ください。自分自身がしっかりと成長することで見つかる、よりすばらしい目標を設定しなおすことが大事なのです。

◆勘違い5・期限は「締め切り」だ

赤ん坊のころは誰でも、「締め切り」とは無縁に生きていました。何時に起きてもいいし、何時に寝なければいけないということもありません。いつまでに歩けるようにならなければいけないとか、ここまでに話せるようにならなければならないという期限があったわけでもありません。

しかし、学校に入るようになると、登校時間が生まれ、宿題が生まれ、さまざまな締め切りが生まれました。その中で、人は不自由を感じるようになっていきます。

私自身、学生のころはレポートの提出期限があることに、とてもイライラしていました。「レポートができたときが、出すときじゃダメなの?」と、締め切りに対してとても苦手意識を持っていました。

時間管理術や仕事術を勉強したとしても、「期限よりも前倒しで仕事を進めましょう」と書かれているだけで、それによってイライラが消えたことはありませんでした。通常の締め切りですら気分が悪くなるのに、それがさらに前倒しに締め切られたら、苦しくて倒れそうになりました。

達成できるだけではなく、「ラク」に無理せず達成できることを求めていた私にとって、多くの書籍やプログラムの中に答えはありませんでした。

しかし、さまざまな人や歴史や心理学などを研究していく中で、ラクに目標達成をしている人は「締め切り」または「期限」に対してどんなふうに考えているかがわかったのです。

目標に向かうときには、やみくもに改善を積み重ねていくよりも、もっと早くラクに達成する方法があります。それは「計画を立てる」ということです。

達成しやすい計画の立て方については、第4章であらためて詳しくお伝えいたしますが、計画を立てるときには、かならず「期限」を設定しなければなりません。

ですが、「期限」という言葉ほど、多くの人にプレッシャーを与えるフレーズはないかもしれません。この「期限」があるせいで、計画を立てること自体がいやになってしまい、達成したい目標から目をそむけてしまっている人も多いのではないでしょうか。

なぜなら、**今までの目標達成術では、期限というものが「守らなくてはいけないもの」「それを過ぎてしまうと失敗とみなされるもの」**という意味づけだったからです。

けれど、ここで声を大にして言いたいことがあります。これは本なので、声を大きくすることはできませんので、太字にしてお伝えしたいことがあるのです。

じつは、これこそが目標達成を邪魔する大きなトラップなのです。

「期限は守らなくてはいけないものだ」という思い込みこそが、目標達成の難易度を上げてしまっていたのです。

じつは「期限」というのは、成長速度を決めるためだけに存在するものです。

人は、始めたばかりのときには成長するスピードはゆっくりですが、経験を積めば積むほど目標に向かって速く成長していきます。つまり、**期限を決める理由は「どのくらいのスピードで成長するのかを自分で確認するため」**だけにあるのです。

自分の成長速度は、100パーセント自分で決めることができます。つまり、期限をいつに設定するかによって、このときにはこのくらい成長している、ということを自分で自由に決めることができるのです。

実際に「間に合うかどうか」という基準で期限を決めて、「3年後に新しい組織を作る」という目標を設定した経営者の方が講座にいらっしゃいました。

しかし、その方はこの「成長速度」について学び、「1年後に設定すれば3倍のスピードで成長できる」と気づいたことで、目標を設定しなおし、しっかりと1年で組織を作ったのです。

期限を「自分の成長速度を決め、高めるためのツール」としてとらえるか、「自分をがんじがらめにする鎖」としてとらえるかで、目標を達成できるかどうかは劇的に変わってくるのです。

2倍速く達成できる目標の立て方

目標に対する多くの勘違いは、取り除いていただけましたでしょうか。

もう一度、復習してみましょう。達成しやすい目標を立てるために大切なのは、この5つです。

1、目標の価値は「今」をどれだけ変えられるかで決まる

2、目標は「取り組むこと自体に価値がある」ものを選ぶ

3、目標とはどんな自分に成長したいかを明確にする手段である

4、目標とはつねにバージョンアップするものである

5、目標の期限は、自分の「成長速度」を決めるためのものである

この5つがわかれば、2倍速く達成できる目標設定は、もう8割ができたも同然です。

ここからいよいよ、実際に目標を立てるワークに入っていきます。

これまでこのワークをやった何千人という人が、たった15分間で大きく自分を進化させました。「知識」が人生を変えるのではなく、**地味なように見えたとしても、「行動」が人生を変える**のです。

このワークをやったある人から、「自分のやりたいことがわかったら、寝るのがもったいなくなりました！」というメールをいただきました。もちろん、短期的には寝ないほうが行動量は増えますが、長期的には寝ないと行動量は減るので、未来のためにしっかり寝てください、とお伝えしましたが……。

さあ、第1のワークでとっていただきたい行動時間は「15分間」です。そして必要な道具は「3枚の紙とペン」、それだけです。それだけ用意をしたら、次の質問に答えてみてください。

質問1「もし何でも実現するとしたら、何を実現したいか？　どこに行きたいか？　何をしたいか？　どんなことをマスターしたいか？　何を与えたいか？　何が欲しいか？」

15分間、ペンを止めずに、思い浮かんだことを書き続けてみてください。ペンが止まるのは、頭を使って判断してしまっている証拠です。どんな答えが出てきたとしても気にせず、書き続けてください。「お城に住みたい」とか「カラオケで100点を出してみたい」とか、思わず笑ってしまいそうなものが出てきたとしても、「良い／悪い」を判断せずに書き出し続けてください。

目標を達成するために、まず必要なのは「想像力」です。苦しみながら目標を達成する人は、「能力」を使って目標に向かおうとしますが、ラクに目標を達成する人は、「想像力」を使って目標に向かうのです。

この15分間は想像力をフルに使って、1年以内のものや、5年以内のものや、10年以上のものなど、「いつまでに」という目安はバラバラでかまいませんので、思い描いたものを書き続けてください。

では、また新しい紙を用意してください。

第2のワークは、10分間です。このワークは、少しペンを止めて考えていただいて

郵 便 は が き

料金受取人払郵便

新宿北局承認

9020

差出有効期間
2024年３月31
日まで
切手を貼らずに
お出しください。

169-8790

154

東京都新宿区
高田馬場2-16-11
高田馬場216ビル５Ｆ

サンマーク出版愛読者係行

愛読者はがき

ご購読ありがとうございます。今後の出版物の参考とさせていただきますので、下記のアンケートにお答えください。抽選で毎月10名の方に図書カード（1000円分）をお送りします。なお、ご記入いただいた個人情報以外のデータは編集資料の他、広告に使用させていただく場合がございます。

1 お買い求めいただいた本の名。

（文庫）

2 本書をお読みになった感想。

、サンマーク出版で出してほしい本。

3 今後

4 最近お買い求めになった書籍のタイトルは?

5 お買い求めになった書店名。

市・区・郡　　　　町・村　　　　書店

6 本書をお買い求めになった動機は?

・書店で見て　　　・人にすすめられて
・新聞広告を見て（朝日・読売・毎日・日経・その他＝　　　）
・雑誌広告を見て（掲載誌＝　　　）
・その他（　　　）

7 下記、ご記入お願いします。

ご職業	1 会社員（業種　　　）2 自営業（業種　　　） 3 公務員（職種　　　）4 学生（中・高・高専・大・専門・院） 5 主婦　　　6 その他（　　　）		
性別	男・女	年齢	歳

ホームページ　http://www.sunmark.co.jp　ご協力ありがとうございました。

ご住所	〒　　　　　　　　　　　　都道府県	
フリガナ		☎
お名前		(　　　)
電子メールアドレス		

ご記入されたご住所、お名前、メールアドレスなどは企画の参考、企画用アンケートの依頼、および商品情報の案内の目的にのみ使用するもので、他の目的では使用いたしません。

尚、下記をご希望の方には無料で郵送いたしますので、□欄に✓印を記入し投函して下さい。

□サンマーク出版発行図書目録

もけっこうです。
次の質問の答えを紙に書き出してください。

質問２「あなたのこれからの人生やビジネスの中で、取り組む価値があることは何でしょうか？　これからの社会の中で、こんなことが実現していたらとても価値があるな、と思うものは何でしょうか？」

先ほどと同じものが出てきてしまってもかまいませんので、ぜひ思いつくまま書き出してみてください。

これまで、「人生の目標は、何を達成するかではなく、どんな人になるかである」、そして「目標とは、あなたがどんな人に成長するかを明確にする手段である」ということをお伝えしてきました。
ワーク1と2で書いていただいた目標は、「どんな人になるか」ということを明確にするための準備材料です。

では、また紙を用意して、第3のワークに移ります。

次の質問に答えてみてください。

質問3「質問1と2でリストアップしたすべてのことを、自然と実現してしまう人とはどのような人でしょうか？　あなたがどんな人になったら、それらのものをすべて実現できるでしょうか？　その人に必要だと思う要素をすべて挙げてみてください」

目標とは、それにふさわしい人のところで実現されるものです。ですから、私たちが焦点を当てるべきなのは、「結果を得ること」よりも、「得たい結果にふさわしい人に成長すること」なのです。

もし、あなたが今とは違う結果が欲しければ、成長するしかありません。自分自身は変わらずに、手にする結果だけがよくなることはありえません。

手に入れるものを変えるためには、まず自分が変わる、これが原則です。よい恋人に出会いたかったら、まず自分がよい恋人にふさわしい人に変わる。多くの資産を手に入れたかったら、まず自分がそれらの資産を所有するにふさわしい人に変わる。きれいな部屋を手に入れたかったら、まずは自分がその部屋にふさわしい人に変わる。**自分が変わるのが先、結果が手に入るのはあと、**なのです。この順番を忘れないでください。

では、第4のワークです。次にしていただくのは「期限」をつけることです。これは「いつまでにできるか」と考えるのではなく、「その目標にふさわしい人にどれくらいのスピードで成長したいか」と考えて、決めてください。

質問1と2で書いた目標のリストに、期限をつけてみましょう。もし、期限をつけようとしてもワクワクしない、もう魅力を感じないというものがあったら、リストからはずしてしまってください。自分の感情や心を動かすものだけに期限をつけてみてください。

質問4「質問1と2でリストアップした目標それぞれに対して、その目標にふさわしい自分にどれくらいのスピードで成長したいですか？　目安となる期限をつけてみ

てください」

そして、できあがった3枚のリストを自分なりに整理してみてください。グループ分けをしたり、期限で分けてみたり……すると、自分がこれから何をしていきたいのか、何に向かったときにワクワクするのかが、どんどん明確になってきます。

このリストを、いつも自分の目が届くところにはったり、なるべく頻繁に見返したりすることで、どんどん未来記憶が増え、自分のやりたいことをいつも明確にすることができます。やりたいことが明確になると、毎日の「判断」がぶれることなく、いつも目標に向かった行動ができるようになります。すると、ムダな時間が減り、行動量が増えるので、2倍速く目標が達成できるようになるのです。

ノルマを目標にしてはいけない

サラリーマンの方の中には、会社や上司から「今月の君のノルマは4000万円ね」などと、目標が「与えられて」しまうケースが多くあります。

ですが、これには注意が必要です。目標とは本来「自分の感情にスイッチが入るもの」でなければいけません。しかし、人から与えられるノルマでは、自分の心は喜びません。

ですから、**ノルマを与えられる職場にいる人にとって大切なのは、「ノルマを目標にしてはいけない」ということです。**ノルマを超えたところにある、自分が本当に実現する価値があると思う目標を設定することが必要なのです。

アンソニー・ロビンズのリーダーシップ・トレーニングに参加したときのことです。

そのトレーニングには、空手の瓦割りのように、厚い木の板を手で割る「板割り」という演習がありました。一見、単なる度胸だめしのようですが、この「板割り」というのはとてもおもしろく、まさに人生の縮図のようでした。

会場内を見渡すと、私の近くには、入れ墨の入った腕が私のふとももほどの太さがある、元海軍の人がいました。板なんて触っただけで割れてしまいそうで、練習での気合いの入り方も、まわりと比べて段違いに高いのです。

全員が注目する中、彼の順番がきました。そして、板にこぶしを突き出しました。すると……ゴッという鈍い音とともに、彼が手を押さえ、顔をしかめる姿が見えたのです。

板にはひびすら入らず、まったく割れていませんでした。それどころか、勢いあまった彼は手にけがを負ってしまったのです。

「えっ、あの人でも割れないの？」と、見ていたほかの受講者は驚き、自信をなくしそうになっていました。

そして、次に出てきたのは、70歳くらいの小柄でか弱そうな女性でした。練習をしている姿を見ても、腕も細く力も弱そうで、私たち受講者は、彼女がひどいけがをしないことを祈りながら見つめるばかりでした。

そして板の前に手が到達した瞬間……「パカッ」ときれいに板が割れたのです。

「え！　あの女性に割れた!?」

場は騒然となりました。会場内の誰もが彼女の成功をたたえていましたが、私はそのあいだずっと、なぜ元海軍の彼に割れなかったものがあの女性に割れたのかを考え続けていました。わかるのは、板が割れるかどうかは力とは関係がないということだけです。


では、何がポイントだったのでしょうか。

その秘密は、そのあとのレクチャーでわかりました。

「板を割ろうとせず、板の向こう側に手を伸ばすことに意識の焦点を向けなさい」

アンソニーが教えてくれた板を割るポイントは、たったこれだけです。

実際に、板の向こう側にしっかりと焦点を当て、そこに向けて手を伸ばすと、あっさりと板は割れました。あっけないほど、あっさりと。

では、なぜあの元海軍の人には割れなかったのでしょうか？

おそらく、彼は腕力に自信があったので、板を割るために、板の向こう側ではなく、板そのものに焦点を向けてしまったのです。

「板を割るぞ！」と力むと割ることができず、板ではなく「板の向こう側」を見て、そこに向かって自然と手を伸ばすと板は割れてしまうのです（とはいえ、危険をともないますので、専門家がいないところではためさないでくださいね）。

じつは、「ノルマ」をラクに達成したいときにも、板を割るときとまったく同じ理屈が当てはまります。

達成を困難に感じる人は「ノルマ」をゴールに設定して、達成しようとしてしまいます。しかし、ラクに達成している人は、「ノルマの先」の成果をしっかりと見すえ、そこに向かって行動しています。ノルマの先に向かって行動しているうちに、いつのまにかノルマを超えているのです。

ノルマを達成することが必須の職場にいる方は、ノルマを目標に設定すると苦しくなります。その精神的苦痛によるダメージと、精神的苦痛のせいでロスする行動力は計り知れません。

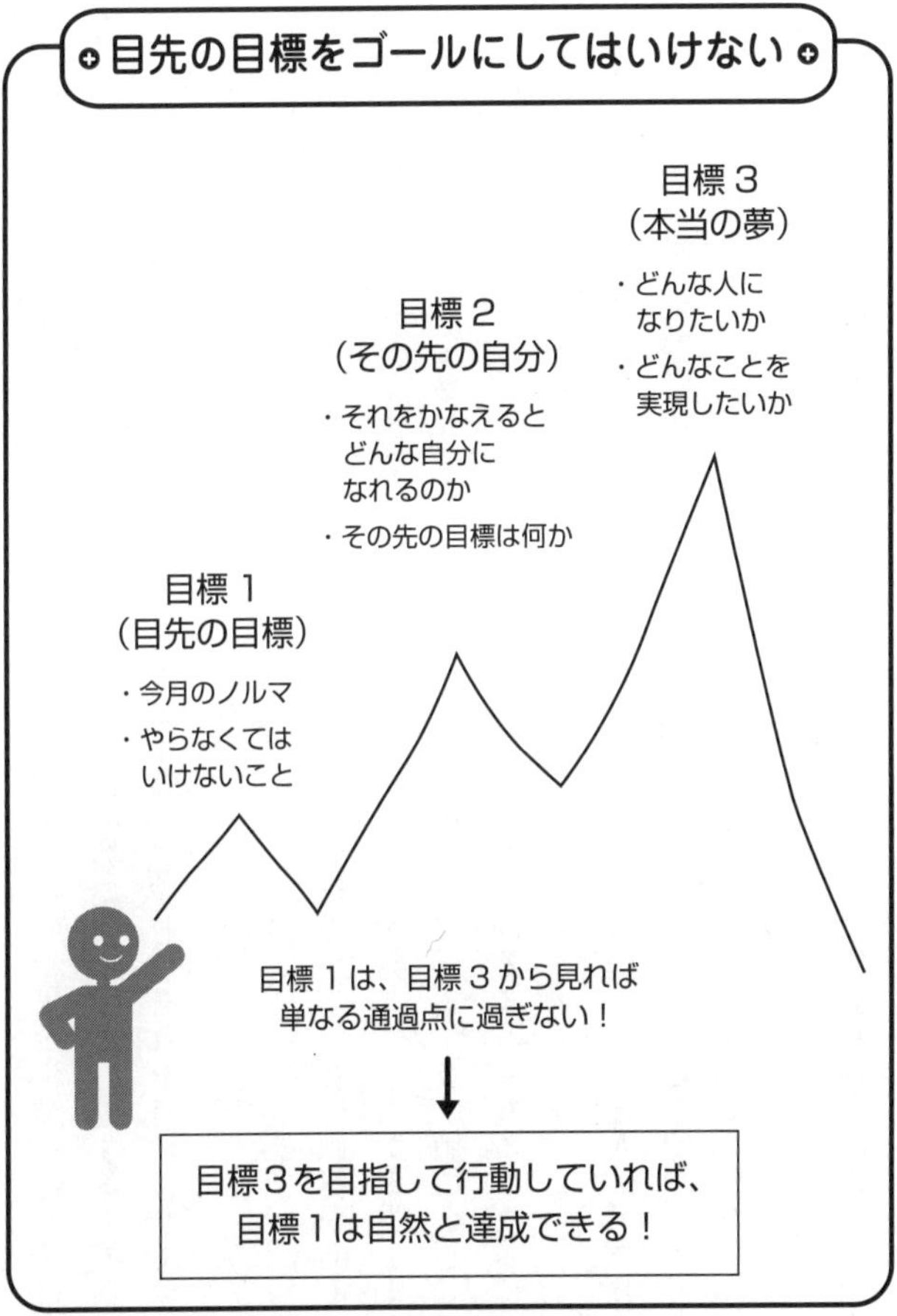
目先の目標をゴールにしてはいけない
目標 3
（本当の夢）
・どんな人になりたいか
・どんなことを実現したいか
目標 2
（その先の自分）
・それをかなえるとどんな自分になれるのか
・その先の目標は何か
目標 1
（目先の目標）
・今月のノルマ
・やらなくてはいけないこと
目標 1 は、目標 3 から見れば単なる通過点に過ぎない！
目標3を目指して行動していれば、目標 1 は自然と達成できる！

そうではなく、ノルマを超えたところに、「このぐらいの結果を出せるような自分になりたいな」とか「数字を出したあとにかなうこの夢に向かって行動するのであれば、それは向かう価値がある」というようなゴールを設定し、それを目標にしていただきたいのです。

目標が自分の感情にスイッチを入れ、目標に向かって行動することに価値があるように思えると、「充実感」を感じられるようになります。すると、感情が1歩、また1歩と自分を前に踏み出させてくれます。すると結果が出て、ますます価値を感じて、充実感が増していく……。このようなプラスのサイクルが回るようになると、目標を達成するのは時間の問題です。

目標に取り組むこと自体を苦しいと思いながら我慢して行動している人は、下りのエスカレーターを一生懸命かけ上がろうと必死になっているようなものです。とても疲れるし、労力のわりに上がっていないし、休もうものなら、どんどん下がってしまいます。まるでアリ地獄の中にいるような気分です。

しかし、感情にスイッチが入り、今すぐ行動したくなるような目標が設定できた人は、まるで上りのエスカレーターを上るように、何の努力もしていないかのように行動することができます。努力することそのものが楽しくて仕方がない、そんな状態になるのです。

気づかないうちに自然と行動していて、いざ行動すると、自分が思っていた以上にどんどん成果が上がっていくことに最初はびっくりさえしてしまうでしょう。

アンソニー・ロビンズは言います。

「まず、今すぐ幸せになろう、充実感を手に入れよう。そして、幸せと充実感を感じながら目標に向かって歩んでいこう。目標に近づけば近づくほど、もっともっと幸せで充実感を感じるから、もっと高い目標を目指すようになって、目標達成はラクにできる」

目標達成とは、苦しみながらチャレンジして、達成できたら幸せになるというものではありません。まず、その目標に向かうことそのものに幸せや充実感を感じて踏み出し、行動すればするほど、充実感や自信が高まり、気づいたら目標を達成しているものなのです。

ぜひこの章の内容をしっかりとおさえて、自分の感情にスイッチが入る目標を設定してみてください。そうすれば、誰もが「ラクに夢をかなえ続けられる自分」に生まれ変わることができるのです。

第3章

「感情」を味方につければ「継続」ができる

なぜ、多くの人は「続けられない」のか？

アンソニー・ロビンズのセミナーに出たときのことです。彼はこう言いました。

「ぼくは10年前に、自分の人生で手に入れたいもの、経験したいこと、身につけたいスキル、接したいお客さん、会社の規模、どんな友人たちと過ごしたいか、などを思いつく限り書き出したんだ。そして今、それを振り返ってみた。君たちは、今のぼくが、10年前に立てた目標どおりになったと思うかい？」

私はそれを聞いたときに、「そりゃあ、アンソニーほどの人なんだから、目標どおりになっているだろう」と思いました。もちろん、私のまわりの人たちも同じ反応でした。しかし、アンソニーの答えは意外なものだったのです。

「答えはNOだ。ぼくは目標どおりにはならなかった。でもね、そのかわりに、目標を大きく超えた毎日を送っているんだよ。その秘訣《ひけつ》を知りたいかい？」

一緒にセミナーに参加していた約3000人が熱狂しました。
そして彼は静かに、ひと言ひと言を確かめるように言ったのです。

「それは、毎日毎日、人生の中の何かをよりよく改善することを〝続ける〟ことだ」

第1章では、目の前の「しなければいけない」ことがひとつひとつできるようになりました。第2章では、あなたが本当にやりたいことを見つけ、2倍速く達成できる「目標」を立てました。

第3章では、**目標達成のための行動を「継続」させる方法**をお伝えしていきます。

この「継続」こそが、あなたが期待すらしていなかったような大きなことを達成するカギになるのです。

あなたは「継続」と聞くと、どんなイメージを持つでしょうか。

「小学生のときに通ったピアノのお稽古《けいこ》、続けるのがイヤでイヤで仕方がなかった」

「高校生のときにやろうとした単語の暗記、毎日継続しようとしたのに三日坊主だった……」

「社会人になったとき、毎朝会社に1時間早く行って勉強しようと決めたのに、1週間も継続できなかった……」

「毎年、水着のシーズンが近づくと、ダイエットしなくちゃって思うんだけど、結局見せる人もいないからと言い訳して、継続できないんだよね」

このように、多くの人は「継続」というと「難しい」とか「大変」とか「苦しい」などと、とっつきにくいイメージを持ってしまっています。

では、なぜ多くの人は継続が苦手なのでしょうか？

それは、「飽きる」からです。

最初は楽しかったはずのピアノの練習が、だんだん苦痛になるのは「飽きる」からです。最初はやる気のあったはずのダイエットをすぐにやらなくなってしまうのは、そのダイエット方法に「飽きる」からです。人は、意志が弱く感情が強い生きものですから、楽しいことは難しくてもがんばれます。しかし、飽きているものを続けることはできないのです。

多くの人が「続けられない」のは、本当は飽きているにもかかわらず、その感情のまま無理やり続けようとしているからです。ですが、モチベーションが下がっていることに取り組み続けることができないのは誰でも同じです。それなのに「私はなんて意志が弱いのかしら！」と自分を責めてみても、何も生まれません。

ですから、**飽きていることを続けることに力を注ぐのではなく、飽きないようにすることに力を注ぐべき**なのです。

では、「飽きる」とはいったいどういうことなのでしょうか？

それは「続けるのにふさわしくない感情になっている」ということです。感情には、続けるためにふさわしい感情と、ふさわしくない感情があります。

続けるためにふさわしい感情を持っていれば、無理なく、ラクに行動し続けることができます。ですが、これまで多くの人は、続けるのにふさわしくない感情を持ちながらそれを続けようとし、結局挫折してしまっていました。

ですから、**「続けるのにふさわしい感情にする」力を身につけ、感情を味方につけ**

ることで、「継続」はラクにできるようになるのです。

では、そのためにはどうしたらいいのか？

それを理解するためには、まず「感情の役割」について知っておいていただかなくてはなりません。

かならず目標が達成できるEPPRサイクル

当たり前のことですが、夢や目標を実現させるには、行動しなくてはなりません。

そして、なぜ行動できるのかといえば、行動力があるからではなく、原動力となる「行動しやすい感情」があるからです。

人が行動を起こしやすくなる感情には、大きく分けて2つあります。1つは「痛みから逃げたい」というものです。ストレスや不安、劣等感や後悔というマイナスの感情や、財産を失うことや、馬鹿にされるなどの出来事を避けるための感情です。

もう1つは「快感に向かっていきたい」というものです。ほめられたい、認められたい、1位になりたい、やせたいなどの、喜びにつながるための感情です。

多くの人は「現状に不満だから、なんとかしなくては」というように前者を原動力にしてしまいがちですが、ラクに結果を出している人は「夢をかなえたい」というように後者を原動力にしています。**彼らは自分にとっての喜びが何かをしっかりと把握しているので、それにまっすぐに向かっていくことができるのです。**

夢をかなえるためには感情をうまく使うのが最大のコツです。

感情をうまく使うとあるサイクルが回り出し、無理なく夢をかなえるための行動を継続できるようになります。私はそれを「**EPPRサイクル：Emotion（感情）→Potential（可能性）→Performance（行動）→Result（結果）**」と呼んでいます。

そのサイクルの仕組みとは、こうです。

未来記憶で意味づけして感情をポジティブなものに変えると、より大きなポテンシャルを引き出せるようになります。練習ではできたことが本番だとできなくなってしまうのは、能力がなかったのではなく、持っているポテンシャルを感情が制限して出しきれないからです。感情をポジティブなものに変え、自分の持っている能力から、より多くのパフォーマンスを引き出すことができるようになれば、結果が出やすくなります。

もしモチベーションが下がってしまったら、ふたたび感情をデザインしなおすことによりポテンシャルが上がり、またパフォーマンスが上がる——ということを繰り返していくわけです。行動を変えようとしたり、ポテンシャルを伸ばそうと努力したりしても、行動にふさわしい感情がともなわなければうまくいきません。

このサイクルがうまく回り出せば、感情を味方につけることができ、苦しむことなくラクに「継続」ができ、人生の充実感がますます高まるようになるのです。

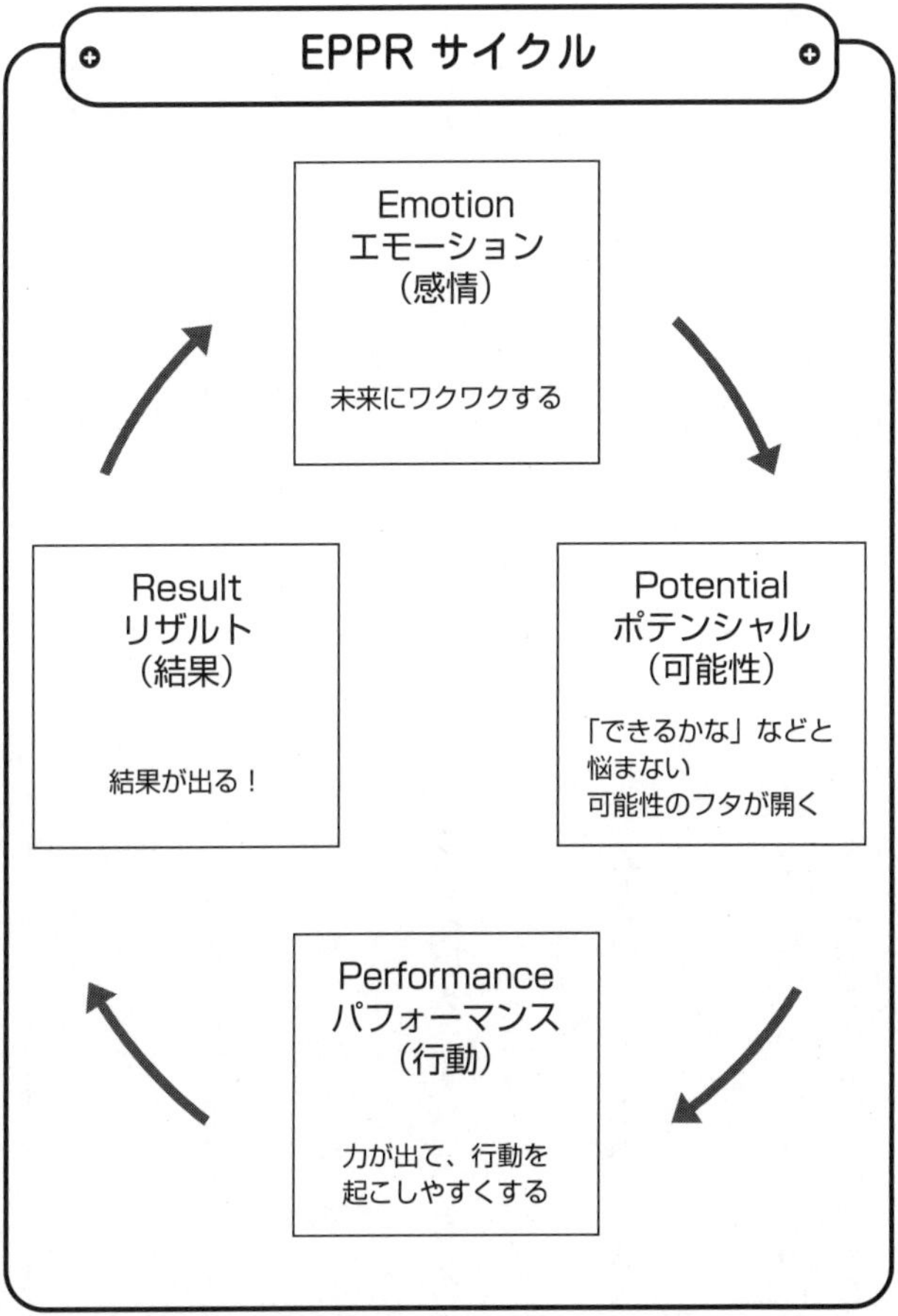
EPPR サイクル
Emotion
エモーション
（感情）
未来にワクワクする
Potential
ポテンシャル
（可能性）
「できるかな」などと
悩まない
可能性のフタが開く
Performance
パフォーマンス
（行動）
力が出て、行動を
起こしやすくする
Result
リザルト
（結果）
結果が出る！

感情とは「シグナル」である

感情を味方につけるためには、感情とはどのようなものであるかを知っておく必要があります。

多くの人は、感情というと「自分の中からわきあがってくるもの」「自分でコントロールできないもの」と思ってしまいがちです。

けれども、じつはそうではありません。**感情は、うまく使いさえすれば、自分の未来を作る最高のツールになってくれるものなのです。**

人は、1日の90パーセント以上を無意識のうちに過ごしているといわれています。

自分自身が何をしているのか、何を考えているのかをきちんと自覚しているのは、たった10パーセントにすぎないというのです。

その10パーセントの「意識の国」の共通言語が「言葉」であり、90パーセントの「無意識の国」の共通言語が「感情」なのです。つまり、私たちの無意識は「感情」を使って、私たちとコミュニケーションをとっているということです。つまり「言葉」は頭の声であり、「感情」は心の声であるといえるでしょう。

無意識をつかさどっている「感情」には、2つの役割があります。

1つは皆さんもご存じのように、行動力の源、いわゆるモチベーションとしての役割です。これは、私たちが行動を起こすための原動力となるもので、第1章で未来記憶を使って意味づけを変えて感情を作ったのは、この役割を使うためでした。

そして、もう1つの大切な役割とは、「シグナル」です。

無意識が私たちに何かを教えてくれようとしているときには、感情を使ってヒントを出してくれるのです。**「なんとなく今、やりたくない気分だな」という感情は、「方法を変えなさい」という合図を出しているということです。**「なんとなく不安……」という感情は、無意識が私たちに「意識の向け先が間違っていませんか。いやな未来や過去ばかり見ていませんか」と教えてくれるシグナルです。

つまり、ネガティブな感情になったということは、私たちの無意識の部分が未来記憶を増やそうよ、というサインを出しているということであり、心地よい「感情」を

感じたときはそのまま続けてよいというサインなのです。

感情のシグナルは、青信号が点滅してもうすぐ赤になることを知らせているようなものだと考えていただければいいでしょう。

「もうすぐ赤だな。急いで渡ろう」

「もう危ないから、渡らないでおこう」

このように、青信号が点滅していたら誰でも次の行動を変えるように、感情のシグナルを受け取ったら、意味づけを変え、行動を変える必要があります。

無意識が発信するシグナルに気づけない人は、その感情を無視して懸命に同じ行動を続けようとします。でも、それは青信号が点滅しているのに、のんびりと歩いているのと同じことです。そうして点滅する信号が発するシグナルを無視して行動を変えないでいたら、赤信号に気づかず事故を起こしてしまうように、どこかで破綻してしまうことにもなりかねません。

私たちの日常にはありとあらゆる情報があふれています。そんな中で、思考（＝頭）

感情の２つの役割

①モチベーション（原動力）

エンジン

②シグナル（合図）

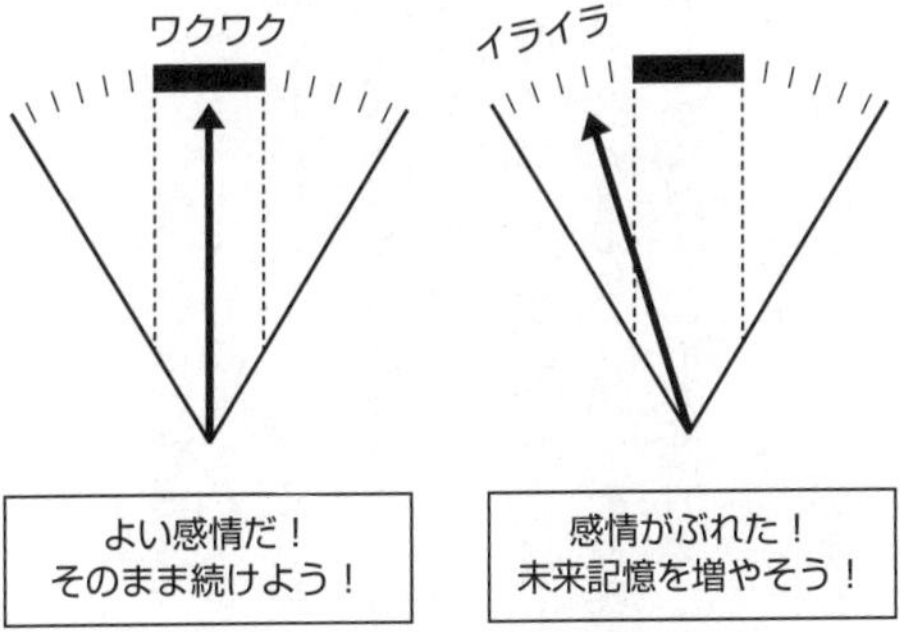
ワクワク
イライラ
よい感情だ！
そのまま続けよう！
感情がぶれた！
未来記憶を増やそう！

の声が氾濫してしまい、感情（＝心）の声に気づきにくくなってしまっているのです。そんなときは「今、自分はどんな気持ちだろうか？」と自分に問いなおして、自分の心の声に耳を傾けてみることが大切です。

感情をおさえ込むということは、自分の心の声をシャットダウンしているということです。たとえば不安を感じたときに、「いやいや、不安じゃない。私はできる」と無理やりその感情をおさえ込んでしまうと、せっかく無意識がメッセージを出して教えてくれようとしたシグナルを無視してしまうことになります。

無意識の声にきちんと耳を傾ければ、そこから得るものがあったはずなのに、「不安を感じるのはよくない」と無理やりシャットダウンしたことで、不安の原因が何だったのかがわからないままになってしまう。原因がわからないと不安は消えないので、いつまでもそのままでいるはめになってしまいます。

無意識のメッセージが何を教えようとしているのか、それをきちんと受けとめることが、感情を理解するうえでとても重要なポイントになるのです。

感情を味方にすれば、ラクに目標達成ができる

多くの人は、行動が変われば感情も変わると思い込んでいます。つまり、行動ができて結果が出るようになれば、その行動を好きになれると思っているのです。

しかし、これは大きな誤解です。じつは、**感情が変われば行動を変えられる、そして行動が変われば結果が変わってくる**、というのが正解です。**ラクな気持ちで目標に向かえば、パフォーマンスが上がり、おのずと結果が変わってくる**のです。

いつもラクに目標達成している人は、「自分が今どんな気持ちを感じているのか？」ということにとても敏感です。

彼らは「モチベーションが上がらないな」「なんだかやりたくないな」というマイナスの感情が生まれたら、自分の感情がぶれていることに気づきます。気持ちが乗っているときと乗っていないときのパフォーマンスの差を知っているから、すぐに感情を修正し、気持ちよく、効果の高い行動ができるようにしているのです。

自分の感情に敏感になるためには、自分に質問をする習慣をつけることがいちばんの近道です。「今自分はどんな気持ちを感じているのか？」と自分に質問する習慣をつけてみてください。そして、自分の感情が心地よくないものだったら、「感情を変え、質のよい行動に変えるタイミング」です。

感情とは、母親に注目されたい子どものようなものです。子どもは母親に注目されたいときに、「ママ、見て見て！」と言います。そこで見向きもされなかったら、今度は気づいてもらえるように「ねぇママ、見てってば！」とドンドンと母親を叩《たた》いたり、服を引っぱったりします。それでも相手にされないと、今度は「んぎゃー！」と泣き出します。つまり、母親が自分に気づいてくれるまで、どんどんアクションが激しくなっていくのです。

感情も同じです。あなたに気づいてほしくて出しているシグナルなのですから当然ですが、無視していると、その感情はどんどん激しくなっていきます。

ですから、感情を扱うときは、マイナスの感情には小さなうちに対処することを心

目標の達成は、感情をマスターできるかどうかにかかっている

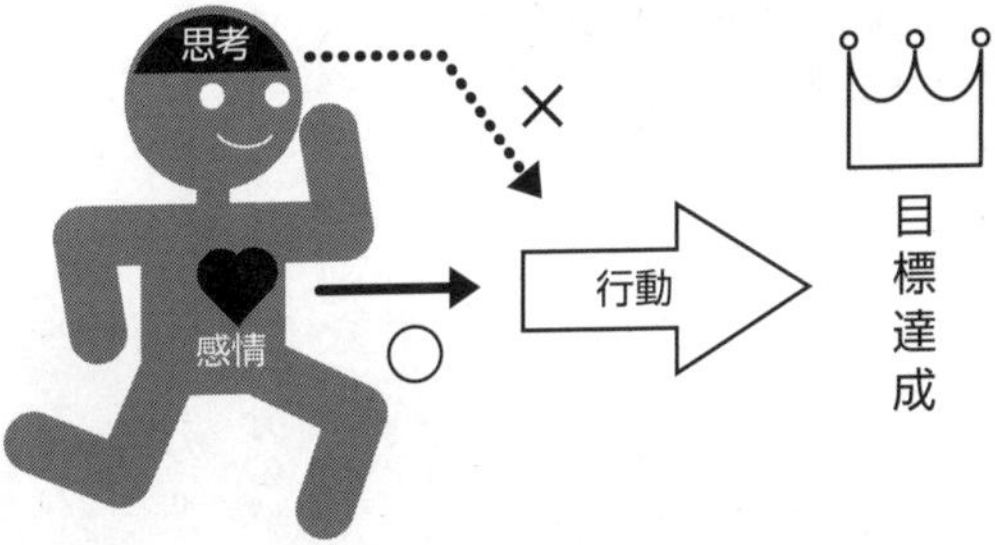

目標達成のために重要なのは、思考のコントロールではなく感情のコントロールである

がけてください。マイナスの感情が大きくなってしまってからでは、処理するのに時間も手間もかかってしまいます。

早く処理をするためには、「ちょっといやだな」「なんだかやる気がないな」というような、まだ小さなシグナルのうちに「今この気持ちを感じているってわかったよ」と認めてあげることがとても大事です。「自分の感じている感情と戦わない」ということがラクに目標達成するための大原則なのです。

また、いやな感情というのは「未来記憶が足りないよ」というシグナルでもあります。少しでもいやな感情を感じたら、すぐに「この行動をすることで、自分の未来がどう輝くのか」という未来記憶を増やしてみてください。すると、また新しい気持ちで行動ができるようになります。

シグナルを受け取ったら未来記憶を増やして、感情を変え質のよい行動をする……と繰り返しているうちに、継続できていることに気づくはずです。

「継続」するだけで世の中のトップへの道が開ける

続けたい「何か」を見つけたら、最初にするべきことは、「どのくらい継続するつもりなのか」を決めることです。

とくに計画を立てずに「やってみよう！」と、見切り発車で始めてしまうのも、とても大事なことです。しかし、もっと大切なのは、それを続けて結果を出すこと。行動を起こすのも早いけれど継続できない、いわゆる「熱しやすく冷めやすい人」にならないようにするためには、やはり「期間」をある程度決めることが必要です。

多くの人は、簡単には「継続」ができません。ということは、「継続」が得意になるだけで、世の中のトップクラスへの道が開けると言っても過言ではないかもしれません。

第2章で述べたように、「このことには価値がある」「この目標によって自分は成長できる」と心から思える目標が立てられたら、「10年間それに向かって行動し続ける」ということにチャレンジしてみてください。

アンソニー・ロビンズは言います。

「多くの人は1年でできることを過大評価し、10年でできることを過小評価している」

1年で何かをやろうとすると、そこはライバルだらけです。世の中の90パーセントの人は、自分の思い描ける未来の範囲内で、すぐに結果を出そうと思っています。もちろん、すぐに目標を達成できればそれに越したことはありませんが、目標によっては、じっくりと継続して行動しなければ、達成できないものも数多くあります。けれど、すぐに結果を出そうとしてしまうせいで、一度失敗したらすぐにあきらめてしまう人が増えているのも事実です。

今でもはっきりと覚えていますが、私がアンソニー・ロビンズの原書に初めて出会ったとき、「これは10年かけてマスターしても惜しくない」と心から思いました。だから、英語はさほど得意でなかったけれども、焦らずじっくりと腰を据えることができたのです。きっとあのとき**「半年でこれをマスターしたい」と思っていたら、焦って苦しんで途中でやめてしまっていたと思います。**

ぜひ、自分が10年間チャレンジし続けるだけの価値がある目標や夢を描いてください。

長期的な目標をラクに達成するには

昨日の自分より今日の自分をほんの少しでも成長させるということを毎日続けていれば、長期的にはものすごく大きな成長になります。

いつもラクに目標達成している人は、最初から何ごとも達成できたわけではなく、小さなことを達成する、ということをずっと続けてきているのです。**凡人であっても、あることを10年間継続できたら、能力の高い人が1年間がんばったとしても、到底追**

いつくことのできない差が生じるのです。

毎日、自分自身が昨日の自分より0・1パーセントずつ成長しようと努力したとしましょう。すると1年後には、1・4倍の自分になることができます。それでも、飽きることなく、5年間続けられたとしましょう。すると、5年後には6倍の自分に成長しています。そして、それでもまだ飽きることなく10年間成長し続けたとすると、10年後には38倍の自分自身になっていることができるのです。もしも0・2パーセントずつ成長したなら、10年後には1466倍の自分になれるのです。

最初にこの数字を見たとき、自分の目を疑いました。「まさか、たった0・1パーセントを10年続けるだけで、38倍になるわけがない！」と思い、何度も何度も計算しなおしました。しかし、これは間違いのない事実です。もちろん、忘れることや、休みがあることは考慮していませんが、継続することの力をおわかりいただけると思います。

継続することは、一見とても「地味」な作業です。しかし、「今日の一歩」「今日のひと工夫」が、積み重なって、積み重なって、10年もたつと、あなたはその分野の一流として認められるようになるのです。

そのとき、まわりの人たちは、あなたに向かって何と言うでしょうか?

「あの人は特別だからできたんだよ」と言うのです。

人生において目標をラクに達成し続けるには、「継続」や「積み重ね」は欠かせません。それをラクにできるようになるためには、「感情」を味方につけることです。

これを習得できれば、あなたの日々の生活は充実したものに一変するはずです。

第4章

世界一簡単に夢がかなう計画の立て方

計画を立てる本当の目的は、「ズレ」を作ること

皆さんは「計画」とは、いったいどんなものだと思っていますか？

「そのとおりにやらなくてはいけないもの」

「かならず守らなくてはいけないもの」

「うまくいったためしがないから立ててもムダなもの」

「私にはとてもできないもの」

そんな答えが返ってきそうです。ですが、どれも違います。

計画とはあくまでも夢をかなえるために立てられるもので、それをきっちりと守るためにあるわけではありません。

計画とは本来、そのとおりにいかずにズレてしまうもの。

むしろ、計画を立てる本当の目的とは、「現実とのズレを作るため」なのです。

「えっ？」と思いましたか。

残念ながら、計画の本当の意味を学校で教えてくれることはありません。ですから、多くの人は、計画を「守らなくてはいけないもの」と勘違いしてしまっているのです。

計画とは、現実とのズレ、つまりギャップを測り、そこを埋めるための計測器のようなものです。

羽田からハワイに向かう飛行機の飛行ラインのようなものを思い浮かべてみてください。すべての飛行機は、離陸する前に、「理想の飛行ライン」を想定するそうです。ですが、そのとおりの航空路をたどる飛行機は一機もないといいます。そのときの気圧や風向きの状況によって、かならずといっていいほど当初に予定していたラインとズレるからです。

しかし、最終的にはきちんと目的地に到着するのです。それはパイロットが「理想の飛行ライン」からズレたときに、きちんと方向や高度をチェックして、予定のラインと合わせようと軌道修正しながら飛んでいるからなのです。

少し計画とズレたからといって、パイロットが「ああ、もう計画とズレてしまった……。じゃあ、ハワイに行くはずだったけど、韓国に着陸してしまおう」などとあきらめてしまうことはありません。

また、パイロットはズレに気づくようにつねに飛行計画路と現在位置を見直しています。もしそれに気づかないままでいれば、ハワイに行くはずがニュージーランドに行ってしまうかもしれません。

計画もこれと同じです。予定した航空路をはずれたら、正しい位置にもどせばいいだけの話です。つまり、**ズレに気づくことで、予定とのギャップを修正するために計画を立てるのです。計画がなければズレに気づかず、ギャップを修正できない。そのためだけに、計画は存在するということです。**

そして、計画がズレることなくうまくいってしまうということは、自分の能力よりも低く見積もった計画を立ててしまっているということです。ですから、計画はズレてこそその本領を発揮し、よりよい行動をするために働いてくれるのです。

だから、計画は目安なのです。計画どおりにいかなかったことを嘆くことも、自分はダメなやつだと悲観することも、ましてやもういいや、と投げ出すこともありません。あなたが歩むべき道からズレたときに教えてくれる頼もしい存在、それが「計画」

計画とは、ズレたときに修正しやすくするための目安である

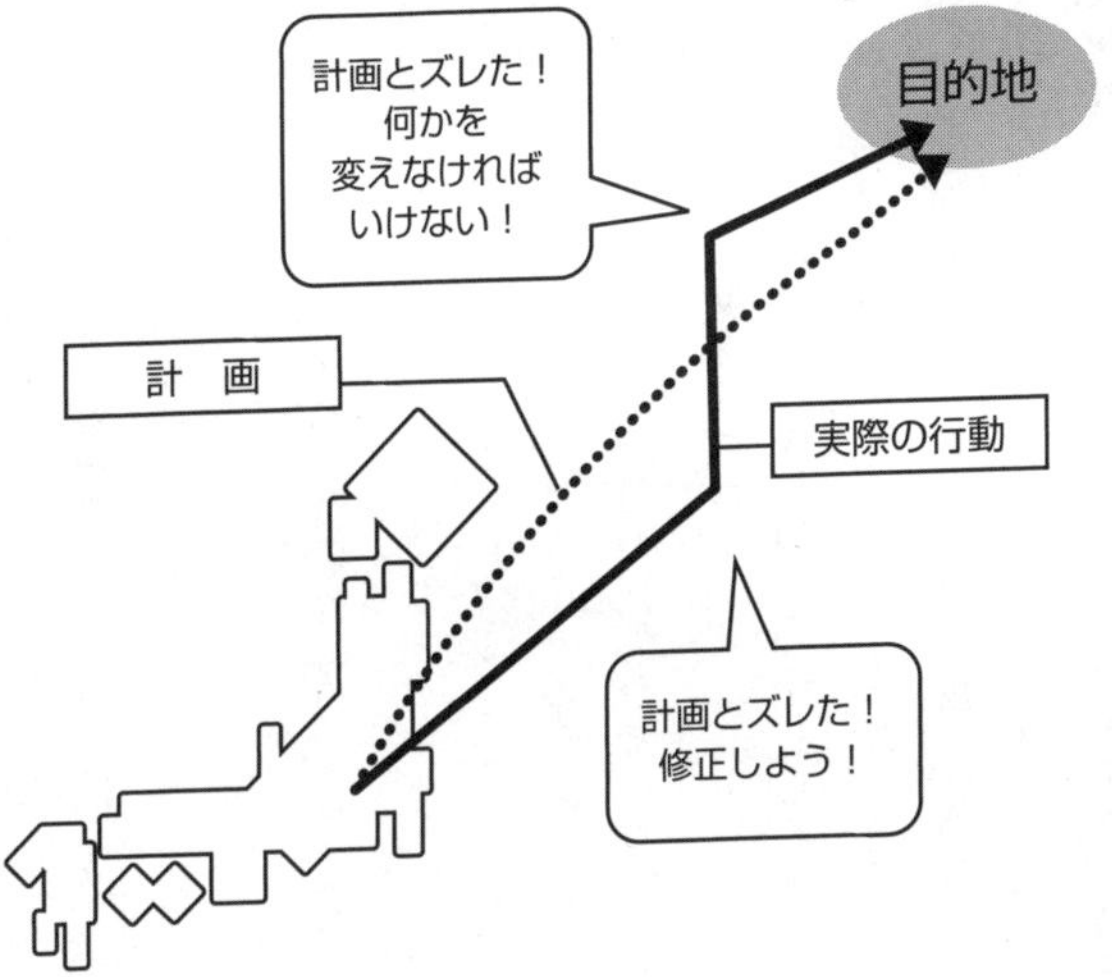

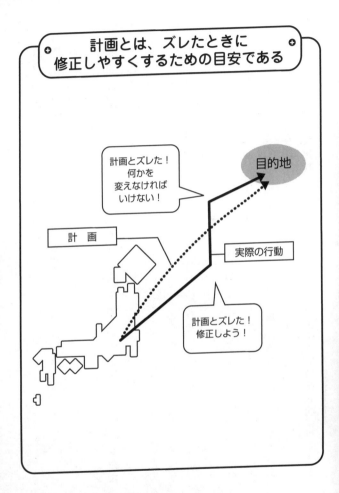

なのです。

ギャップはつねに、私たちに大切なことを教えてくれています。

それはいったい何でしょうか？

じつは、**この現実とのズレ、ギャップというのは「今学ぶべきことは何か」を教えてくれているともいえます。**

たとえば、この1週間に7人のお客さんとアポイントをとりたいと計画していたのに、2件しかとれなかったとします。そこには5件の差があります。すると、そのギャップはその目標に向かっていくときの私たちの行動や考え方に、改善するべきことがあるということを知らせてくれているのです。

もしかすると、もっと前倒しで行動すべきだったのかもしれませんし、電話のかけ方がまずかったのかもしれない。そもそもターゲットとすべき客層を間違えていた可能性もあります。つまり、**計画からズレたということは、「学び、成長するチャンスがやってきた」という合図**なのです。

ですから、計画からズレればズレただけ、私たちは学ぶチャンスを頻繁に得ることができます。ラクに目標を達成している人は、学ぶことが多ければ多いほど夢の実現に近づけることを知っています。**ですから、計画どおりにいかないことを、喜ぶべきことと前向きにとらえられるのです。**

世界一簡単に夢がかなう計画の3つの特色

ラクに目標を達成している人の計画には、次のような特色があります。

①計画は目安だから、そのとおりにいかなくていい
②計画はズレるほうが早く学べるから、こまかく立てるほうがいい
③計画は自分に都合よく、楽観的に立てたほうがいい

計画はズレるものですから、こまかいほうがいいのです。なぜなら、**1年の計画よりも1か月、1週間、1日というように、よりこまかく計画を立てている人のほうが、**

より多くのギャップに気づくことができ、学べるからです。

また、目標達成のためには感情を原動力にすることが必要なので、計画を見て気持ちが沈んでしまうようでは意味がありません。ですから、計画はなるべく自分に都合よく、楽観的に立てたほうがいいのです。多くの人は自分の能力を過小評価しているので、自分の能力で達成できると予想されるものの3倍くらいを目安に計画を立てるといいでしょう。

ウォルト・ディズニーはドリーマー（夢想家）、クリティック（批評家）、リアリスト（現実主義者）という3種類の人格を使い分けていたといいます。

どのように使い分けていたかというと、夢想家として壮大な夢を語り、次に、自分の語った夢を批評家として徹底的に批評してダメ出しをおこなう。そして最後に現実主義者としての手腕をふるい、その夢を現実の世界でかなえていったのです。

そうしてできあがったのが、ディズニーランドです。

夢をかなえるためには、私たち自身もドリーマーであり、クリティックであり、リアリストでなければなりません。この3つの人格をバランスよく持っていれば、夢想

大きな結果を出すためのDCRサイクル

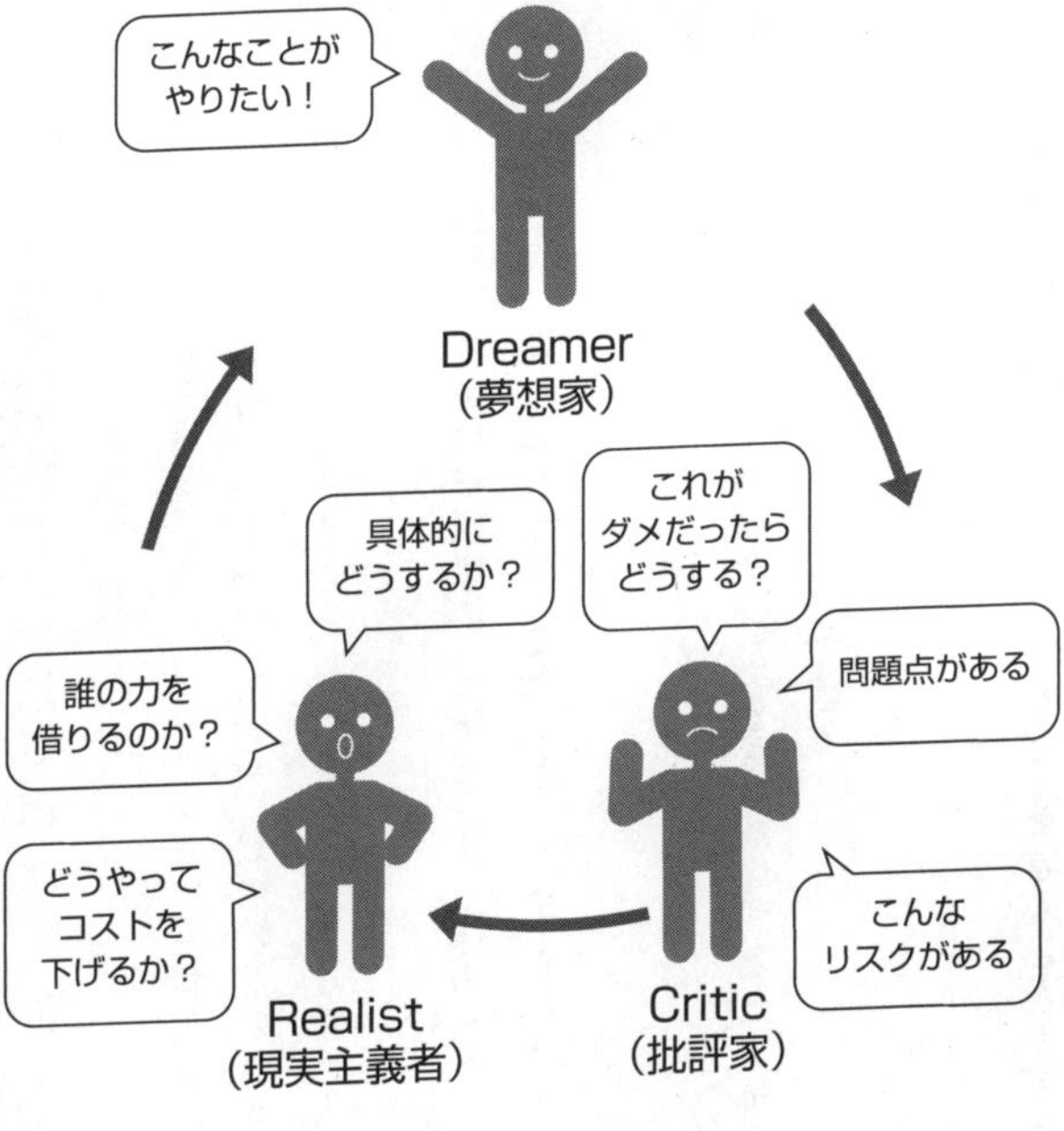

目的、場合に応じて
使い分けると、大きな結果を出せる

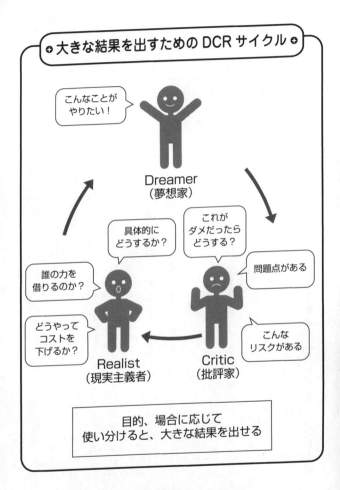

家として夢を描くことも、批評家として自分へダメ出しすることも、現実主義者として計画を改善することもうまくできるわけです。

多くの人は、この3つの人格を使うべき「タイミング」を間違えてしまいます。計画を立てるときに現実主義者の自分を引っぱり出し、夢への道のりがまだわからないからといって、批評家の自分が「こんなことは自分にはできない」と行動する前にあきらめてしまうのです。

計画を立てるときに活躍するのは夢想家のあなたです。現実主義者のあなたには、このあとに説明する「計画の振り返り」のときに登場してもらいましょう。

とはいえ、多くの人は楽観的な計画をいやがります。

「大風呂敷を広げて、それが実現できなかったときを想像すると、怖い」

「確実に達成できる計画を立てたほうが安心できる」

こう思ってしまうからです。

でも、繰り返しますが、計画は達成するためのものではないのですから、そんな心配は無用です。**予定どおりに達成できないほうが多くを学ぶことができ、成長して目**

標に近づけるということを忘れないでください。

また、計画を前倒しで達成できたとか、予定よりもはるかに大きい200パーセントの結果を出せたのであれば、またそこからも学ぶべきことがあるのです。「この計画はあなたの能力を生かしきれないようなスケールの小さい計画です。だからもっと自分の実力に合った、大きな計画を立ててください」

ギャップがそう教えてくれているということです。そういうときはもっと計画のレベルを高めなくてはならないのです。

いちばんよくないのは、苦しくなったからといってギャップを避けてしまうことです。つまり「そのとおりにいかないから」といって計画を立てるのをやめてしまったり、挑戦することそのものをやめてしまったりすることです。

ギャップが私たちのとっている行動や考え方、思い込みを変えるタイミングを教えてくれているのに、そこから逃避していては衰退に向かうしかない。なぜギャップが生まれたのかをきちんと考えて、変えるべきところを変えていくのが、ラクに目標を達成する近道なのです。

ラクに目標を達成する人は「目標と現実の差」に苦しみません。なぜなら、その差**は自分の「成長のスペース」だからです。**また、彼らは目標や計画を立てれば、現実とのあいだにかならずギャップが生まれるものだと承知しています。ギャップに苦しむ必要がないから、計画を改善しつつ、目標に向かって邁進《まいしん》できるのです。

では、ここで具体的な計画の立て方をお伝えしていきましょう。

私のおすすめする方法は、2つあります。まずは同じ目標で2つともためしていただいて、あなたに合った、やりやすいほうを使ってください。最終的に両方とも使えるようになれば、これからの計画作りは楽勝です。

計画の立て方①「ビジョン・バラバラモデル」

1つ目の方法はパズルのピースのように目標を分解してから計画を立てる「ビジョン・バラバラモデル」です。

まずは大きな目標やずっと先に設定した目標を、いくつかの小さな目標に分けます。いうなれば大きな目標は富士山の山頂、小さな目標は1合目や2合目に当たります。そしてその小さな目標に対して、一段一段ステップを作っていくのです。

たとえば「年商3000億円の会社を作る」という大きな目標があるのなら、まず「300億円稼げるチームを10個作る」「チームがそれぞれ30億円売り上げる商品を10個作る」というように、大きな目標をこまかくバラバラにして「小さな目標」を作っていくのです。

このとき、いきなり大きな目標に対してステップを作ろうとすると、あまりにも長いステップになってしまいます。道のりが途方もないものになってしまうと、人はやる気を喪失してしまうものです。

いきなり富士山の頂上を目指して出発してしまうと、自分がどの地点にいるのかもわからずに、長い道のりを黙々と歩き続けることになり、つらくなってしまいます。しかも山頂までの道のりにまったく目印がなかったら、今の自分のペースも、今向かっている方向が正しいのかどうかもわからなくなってしまいます。

自分のペースが速いか遅いかがわかれば「無理をしているのでもっとペースダウンしなくてはあとが続かない」「もう少し急がなくては帰れなくなる」ということにも気づけますが、わからなければ気づきようがありません。

同じように、いきなり大きな目標、ずっと先の目標の計画を立ててしまうと、モチベーションを継続させるのも難しくなりますし、どこで振り返ればいいのかもわからなくなってしまいます。大事なギャップに気づくことができなければ、それを改善することができないまま、とんでもないゴールにたどりついてしまうかもしれないのです。

ですからモチベーションという意味でも、振り返りという意味でも、小さな目標に分けてから計画を立てることが大切なのです。

計画の立て方①
ビジョン・バラバラモデル

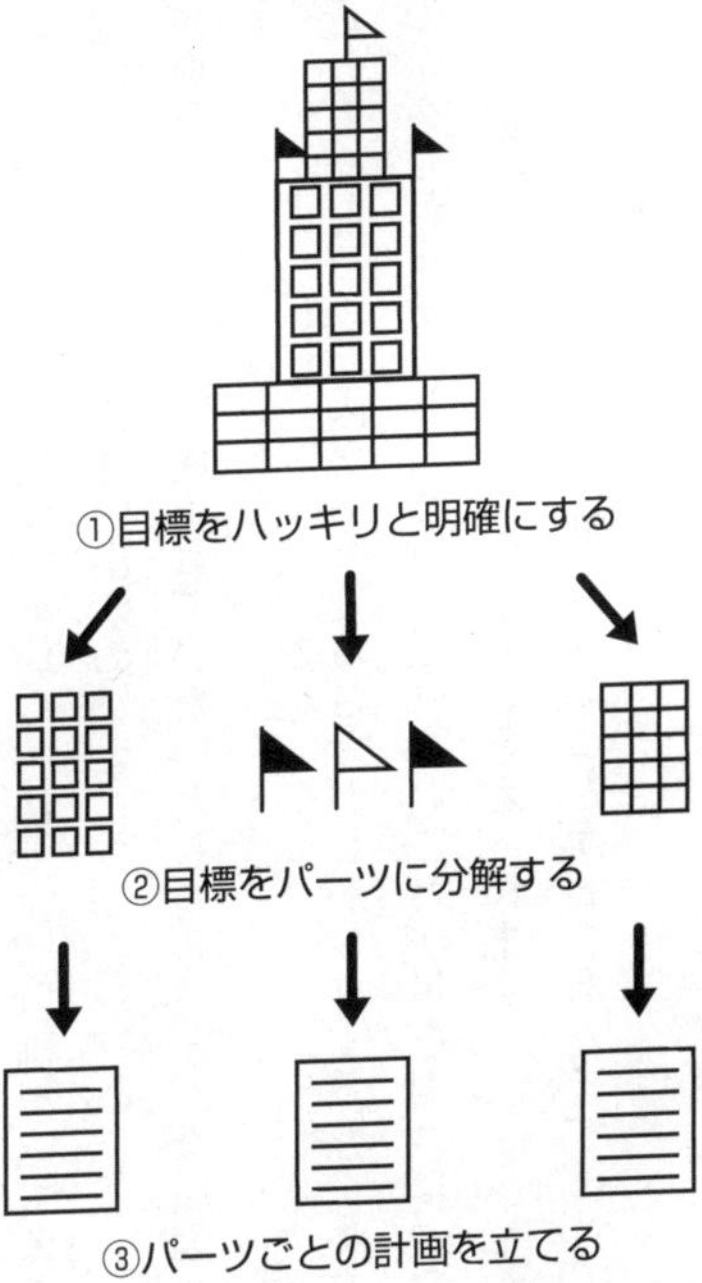

①目標をハッキリと明確にする
②目標をパーツに分解する
③パーツごとの計画を立てる

小さな目標に分けると、
モチベーションも上がるし、
振り返りもしやすくなる！

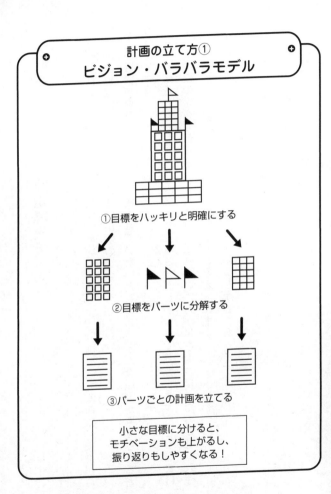

計画の立て方②「問題解決モデル」

2つ目は「ダメな理由を先に出す」という方法です。計画を立てる前に、未来から批評家の視点に立って問題点を洗い出すのです。

「この目標が期日になっても達成されていないとしたら、どんな原因が考えられるだろうか？」

こう考えるといろいろな原因がありえることがわかります。もしかすると、なまけてしまったのかもしれませんし、知識が足りないことが足を引っぱったのかもしれません。見込み客が足りなかったという原因も考えられます。

そしてこのとき、注意しなくてはいけないことが2つあります。

1つは、**かならずその原因を過去形で考えることです。**

「私はなまけものだから……」

「オレの知識が足りないからな……」

このように、現在形で原因を挙げてしまうと自分を落ち込ませてしまう原因になります。この計画はまだ立ててもいないわけですから、今の自分には過失はないわけです。ですから、未来から振り返って原因を考えることが大切です。「このときはなまけものだったから、できなかった（けれど、今は違う）」「あのときは知識が足りなかった（けれど、今は違う）」というように原因を考えていってください。

そして**もう1つの注意点は、けっして「○○のせい」という言葉は使わないことです。**自分のせいにしてしまうと苦しいですし、人のせいにしてしまえば罪を押しつけているだけで、何も学べなくなってしまうからです。

「雨が降ったせい」ではなく「雨が降ったときの準備をおこたっていたから」、「相手の機嫌が悪かったせい」ではなく「相手の機嫌をなおす手段を持っていなかったから」というように、自分の「行動」を原因として考えます。

こうして、達成までのプロセスを振り返り、浮かびあがってきた問題点を目標に変えるのです。

「怠慢」が原因だとしたら「着実に毎日行動する」という目標を立てればいいし、「知識不足」が原因なら「本を30冊読む」という目標を定めればいい。「見込み客不足」

が問題だと感じたのなら「紹介してくれる人を3名さがす」ということを目標にすればいいでしょう。

すると、**今までは目標が達成できない理由として目の前に立ちふさがっていた壁が、自分が踏んでいくべきステップの1つへと変わっていく**のです。

そして、どんな目標も、「できなかった理由」をつぶすことで、達成できるものです。

受験勉強でうまくいった人の話を聞いていくと、「自宅で勉強したからです」という人もいれば、「予備校の先生のいうとおりにしたからです」という人もいれば、「英単語だけ覚えていれば大丈夫」という人もいて、その合格の秘訣《ひけつ》はさまざまです。

また、不合格だった人の話をよく聞いていくと、そこにはだいたい共通項が見つかるものです。

「暗記事項に集中しすぎて、実践問題をしてこなかった」「過去の入試問題を研究していなくて、勉強していたことと試験問題の傾向がズレていた」……。

この「不合格の共通項」を回避することで、不合格になる確率を下げることができるようになります。

目標達成のためにも、「この目標が実現できなかったとしたら、何が原因だったのだろうか?」と未来から振り返って、しっかりと対処・準備しておくことが大事なのです。

どんな立派な計画を立てても、かならず壁にぶつかるときが来ます。

でも、問題は壁が立ちふさがっていることではなく、壁があるから前へ進めないと考えてしまうことなのです。歩みが止まってしまうということは、人生の質を下げることに直結します。

アンソニー・ロビンズもこう言い切っています。

「この世の中で問題をなくしたかったら、人はお墓に入るしかない」

生きている限り問題は起こるのですから、問題をなくすことがポイントなのではない、ということです。それを乗りこえる方法をさがし、実際に行動していくことこそが大事なのです。

計画の立て方②
問題解決モデル

①「大きな壁」を見つけたら……

大きな壁

②壁となる「できない理由」を書き出す

③大きな壁は、小さな「できない理由」の積み重ね
ひとつひとつを「行動」に変えていく

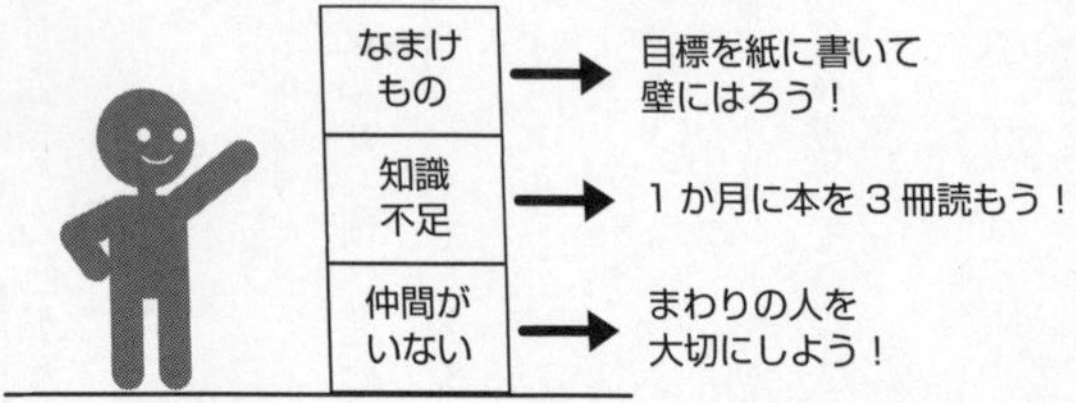
なまけもの
目標を紙に書いて壁にはろう！
知識不足
1か月に本を3冊読もう！
仲間がいない
まわりの人を大切にしよう！

世界一簡単に夢がかなう「振り返り」のプロセス

ここまで、「目標を達成するための計画の立て方」をお話ししてきました。

ここからはいよいよ、「世界一簡単に夢がかなう計画の立て方」をお話ししていきます。

簡単に夢がかなう秘訣とは、何か。

それは計画の「振り返り方」にあるのです。

計画を立てることができたら、目標に向かってプロセスを踏んでいくわけですが、そのときに大切なのが「計画の振り返り」です。

多くの人が「振り返りは大事」ということを知っていると思います。ですが、じつは単に「大事」なだけではないのです。**この振り返り方次第で、夢がかなうかどうかが決まると言っても過言ではありません。**

振り返りをおこたると、ギャップに気づくことが難しくなります。繰り返しますが、計画を立てる意味とは、ギャップに気づいて改善をしていくことにあります。ですから、この「振り返り方」こそが、目標に近づくための大切なカギになるのです。

ギャップの受けとめ方の違いによって成長の仕方は大きく変わってきます。

理想的なギャップの受け取り方とは、学びと成長のシグナルとしてきちんと受けとめ、改善につなげていくというものです。ギャップからシグナルを受け取ったら、「振り返りのプロセス」を実行していきましょう。

まずは、これまでにできたこと、よかった点を認めて、自分が「できたこと」に気づきます。ここで大事なのは、最初に「できたこと」に目を向けてから、そのあとに改善点に目を向けることです。

そして、できなかったことやダメだったことの数よりも、できたことやよかったことの数を多くすることも大切です。

感情がネガティブになっていると、次はどうしたらいいかという改善案が出てきません。かならず改善点を挙げる前に「できたこと」「成長したポイント」などをリストアップし、感情にスイッチを入れることが、振り返りのコツです。

たとえば、計画ではダイエットを開始してから3週間で3キロやせているはずだったのが、実際には2キロしかやせなかったとします。そこで「ダメだ、1キロ足りなかった」と考えてしまうと、人は落ち込んでしまいます。

「計画とはギャップがあるけれど、2キロの成果は出た。食事にも気をつけた。お菓子も何回も我慢できた。週に1回ジョギングもできた。私はよくがんばったわ」

このように、まず自分ができたことを認めてあげると、自信がもどり、モチベーションも上がるのです。人は、目の前に学ぶべきものがあったとしても、学ぼうという前向きな気持ちになっていなければ学べない生きものです。ですから、気持ちをポジティブにしておく必要があるのです。

そうしてよい感情を作ったら、いよいよ改善のプロセスに入ります。

このときに、気をつけるべきトラップがあります。それは「ミスのトラップ」です。**失敗したときに何のせいにするかによって、失敗を上手に改善につなげられるかそうでないかが変わる**のです。

もっとも悪い例は自分の失敗を「環境」のせいにしてしまうことです。環境や人のせいにしてしまうと何も学べず、成長もできません。

その次に悪い例は「自分」のせいにするケースです。

ここで、大事なことをお伝えします。

「行動はあなた自身ではない」ということを、ぜひ覚えておいてください。

あなたの望む結果が出なかったのは行動のせいであって、あなた自身のせいではありません。

ですから、「自分が悪かったんだ」と思い、反省したとしても、これはセルフイメージをいたずらに下げるだけで、成長にはつながりません。自分が悪いとなると、行動を改善しても、それをおこなう自分は悪いままですから、結局よい結果は出ないということになってしまいます。

うまく改善するには、自分の失敗を「行動」のせいにしなくてはいけないのです。

振り返りのポイントは、できなかったことを振り返るのではなく、これまでに気づいたことや学んだことを振り返ることです。

自分がこれまでにしてきた行動や考えを思い返し、その中の何にもっと力を入れ、何の力を抜くか、そして何を新たに取り入れ、何を切り捨てるのか、それを考えます。

これはアンソニー・ロビンズがよく言うことですが、人は、成長するか衰退するかのどちらかしかありません。ですから、ものごとも成長させるか衰退させるかのどちらかしかないのです。そして、**どれを成長させ、どれを衰退させるかによって、ものごとを達成できるかそうでないかが決まります。そして、それはあくまでも「自分で」決定しなくてはなりません。**

たとえば、もっと読書をすることを決定したとすれば、読書の時間を「成長」させてテレビを見る時間を「衰退」させなくてはなりません。

どんなに成長したくても、本を1冊読んで、仕事も一生懸命して、資格も取って、そのうえ家族とも一緒に過ごしたい――という、自分の望むすべてのことを1日のうちにすませようというのは不可能です。1日はどうあがいても24時間であることに変わりはないのですから、すべてを「成長」させることはできません。

成長というのは「増やす」というプロセスです。何をする時間を増やし、何に対しての意識を増やすのかを決めなくてはならないのです。

目標を達成するために本当に大事なことは、成長させなくてはいけないことを見き

わめ、それを先延ばしにしない。その一方で大事ではないことをどんどん衰退させ、減らしていく。そうすれば、1日の長さは変わらなくても、24時間の質を高めることはできるのです。

結局、自分をいちばん成長させてくれるのは、自分自身で立てた計画です。

人は仕事や先生によって磨かれるのではありません。私たちを磨き、成長させてくれるのは私たち自身でしかありません。ですから、自分を成長させたいのなら計画とギャップを自分の味方につけることが、何より大切なことなのです。

第5章

人生の困難に打ち勝つ「ヒーローズ・ジャーニー」の法則

人生には、全人類共通のシナリオがある

ここまで、「未来記憶」を使ってラクに目標を達成する方法、そのための目標の立て方、計画の振り返り方などについてお話ししてきました。

あらためておさらいしますが、本書は、次の3つを手に入れられる1冊です。

①目標をかならず達成できるようになる
②その目標に対してラクに取り組み、楽しく達成できるようになる
③達成しなくてはいけない目標を超えたところにある、本当にかなえたい夢を見つけることができる

ここまで読んでいただいた皆さんは、すでに未来記憶の使い方を理解しているので、実践さえしていただければ、すぐにこの3つを手にすることができるでしょう。でも、いくら未来記憶を使ってうまく目標を達成できても、人生に迷うときがかならず訪れ

ます。そして、多くの人はそんな局面に立たされると大きな不安を抱きます。

しかし、大きな不安を抱くときというのは、それまでの人生から、新しい人生に進むかどうかの選択をするときです。ですが、それは真の成功者になるために通過する一場面ですから、心配はいりません。

じつは、すべての成功者の人生は、共通する構造をもったシナリオからできています。そのシナリオにはかならず、道の途中で人生に迷い、うまくいかなくなるシーンが描かれています。そしてそのあとに続くのは、主人公が真の成功を手にするシーンです。

皆さんは**「ヒーローズ・ジャーニー（英雄の旅）」**という人生の法則をご存じですか？　これはすべての人間の人生に共通するストーリー展開のパターンです。

世界中のありとあらゆる国の神話を研究していたアメリカの比較神話学者、ジョゼフ・キャンベルという人がいました。彼は日本神話のヤマタノオロチをはじめ、世界各国に伝わる神話や民話などを集めて研究し、すべての物語にはストーリー展開の構造に共通したパターンがあることを発見しました。それを独自にまとめたのが、「ヒーローズ・ジャーニー」です。

これは平凡な主人公がさまざまな試練を乗りこえて成長していく、いわゆるグローイングアップストーリーの形式をとったものです。

この法則は映画監督のジョージ・ルーカスに多大な影響を与えました。そして作られたのが映画「スター・ウォーズ」です。彼はこの法則に基づいた物語が人々の心をとらえると確信していたのでしょう。

ルーカスはこの**大ヒット映画がヒーローズ・ジャーニーの法則を取り入れて作られたものである**ことを自ら認めています。

そのほかにも「ロード・オブ・ザ・リング」や「ハリー・ポッター」などのハリウッド映画や日本のジブリ映画など、多くの名作がこの法則と同じ構造になっているといわれています。また、日本でも人気のNLP（神経言語プログラミング）でも、例に挙げて使われることがあるようです。

そのストーリー展開とは以下のようなものです。

ステージ1「天命」――使命が降りてくる
ステージ2「旅立ち」――不慣れな旅に出る
ステージ3「境界線」――スキル成長で問題解決力がつく
ステージ4「師匠（メンター）」――本当のあなたを教えてくれる人に出会う
ステージ5「デーモン」――宿敵に負け、人間力のないスキルは付け焼刃だと気づく
ステージ6「変容」――スキルではない本当の自分の力が身につく
ステージ7「課題終了」――デーモンを倒し、目的をはたす
ステージ8「帰還」――成長して故郷に帰る

じつは、この法則は神話や映画だけではなく、私たちすべての人類の人生にもあてはまるのです。つまり、私たちはみんなそれぞれ「ヒーローズ・ジャーニー」という物語の主人公だということです。

では、この物語の流れをもう少し詳しく説明しましょう。

ヒーローズ・ジャーニーの法則

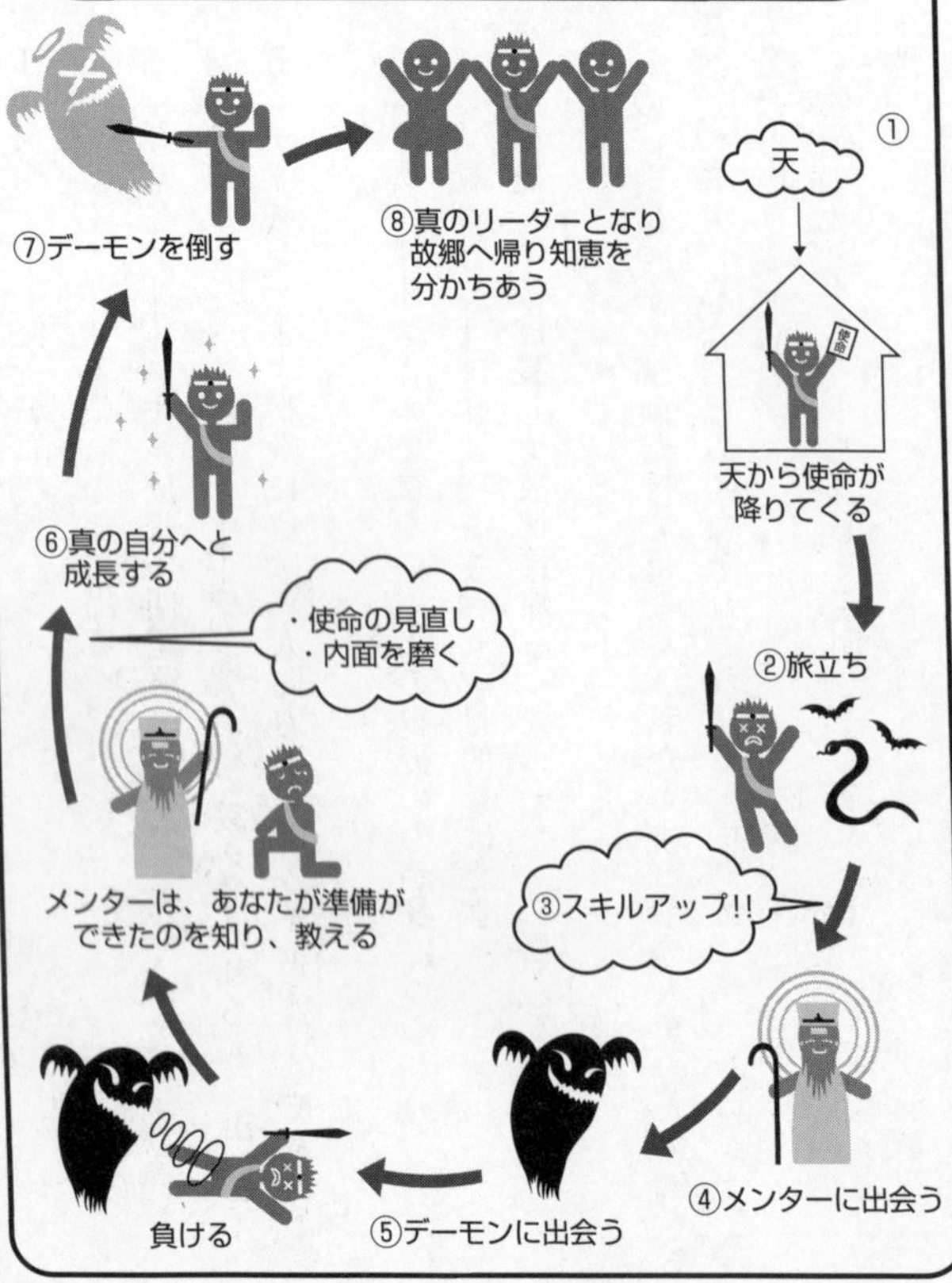
①
天
天から使命が
降りてくる
使命
②旅立ち
③スキルアップ!!
④メンターに出会う
⑤デーモンに出会う
負ける
メンターは、あなたが準備が
できたのを知り、教える
・使命の見直し
・内面を磨く
⑥真の自分へと
成長する
⑦デーモンを倒す
⑧真のリーダーとなり
故郷へ帰り知恵を
分かちあう

あなたの人生は、今どのステージなのか？

まずは物語には主人公が必要です。彼の名を仮に「ケビン」としましょう。

物語のステージ1のタイトルは「天命」です。舞台はケビンの故郷です。ケビンは自分の住みなれた安全地帯＝ホームで平和に暮らしています。

するとそこに天命が降りてきます。たとえば「世界を救いなさい」とか「あの子を助け出しなさい」などという使命が天から降りてくるわけです。

物語はステージ2「旅立ち」に進み、彼は使命を成しとげるために、安全地帯をあとにし、未知の世界に旅立つことになります。

「境界線」を越え、慣れない世界に飛び出したケビンはさまざまな困難に出会います。次々と敵に出くわし、はじめは不慣れゆえにパニックになってしまいます。

そこで彼が出会うのが**「師匠（メンター）」**です。その出会いによりケビンは成長し、立派な武器も手にします。そして敵との戦いに打ち勝ち、困難を乗りこえ、成長を重ねます。

しかし彼は次第に思いあがるようになり、傲慢になってしまうのです。メンターはそのことに気づいていますが、ケビンにはアドバイスを聞き入れる準備ができていないため、何も言わずにいます。

そんなとき、ついに彼に最大の危機が訪れます。これまでの敵とはレベルが違う大物の敵「デーモン」に遭遇するのです。

デーモンとの戦いに敗れたケビンは、高くなっていた鼻をへし折られ、己の実力のなさを思い知らされます。

彼は武器を捨て、素直になり、メンターにあらためて教えを請います。その後、彼は武器に頼らない本当の力を身につけ、真の勇者へと「変容」するのです。そして、ケビンはふたたびデーモンに戦いを挑み、勝利を手にして無事「課題終了」となります。

困難を乗りこえ、大きく成長したケビンは「帰還」し、故郷へ錦を飾るのです。

これが、「ヒーローズ・ジャーニー」です。

じつは、この物語の流れは私たちの人生にもそのまま当てはめることができます。

ステージ1の「天命」とは、夢や目標が見つかって、それに向かう決意をすることに当たります。

そしてステージ2の「旅立ち」とは、現状を打破して新しいことを始めるということを意味します。

たとえば親の反対を押し切って起業しようと思ったとしたら、さまざまな手続きが必要になってきます。設立にお金はかかるし、新たな見込み客を獲得しなくてはいけません。ホームページを作ったり、顧客フォローをしたり、商品を作ったり……それこそやらなくてはいけないことが山積みなわけです。

「境界線」を飛び越えて新たな世界に足を踏み入れると、世の中にはこれまで想像すらしていなかったこと、知らないことがたくさんあると気づかされます。次々と困難にぶつかり、あなたはパニックになってしまいますが、それは慣れていないのだから当然なのです。

そこで出会うのが「メンター」です。たとえていうなら、生き方を教えてくれる本やアドバイザーになってくれる人のことです。それは親身にアドバイスしてくれる友人や、ふと出会った見知らぬ老人かもしれません。その出会いによってあなたはスキルを身につけ、困難を乗りこえます。

ところが、なんとか会社を立ち上げてうまくいき始め、スキルも上がってどんどんレベルアップしていくと、次第に慢心して心に隙《すき》が生まれます。

「なんだ、オレって絶好調じゃないか。もしかして才能があるのかな〜」

そんなあなたは「デーモン」に徹底的に打ちのめされることになります。

それは未曽有《みぞう》の金融危機のせいで資金ぐりが困難になることかもしれないし、傲慢なあなたに愛想をつかして社員がいっせいに辞めてしまうことかもしれません。扱っていた商品に欠陥が発覚し、リコールとなってしまうことや、ライバル企業の妨害も考えられます。個人事業であれば、大切にしていたお客様が離れ、それまで次々に取れていた仕事や注文がぱったりと取れなくなることかもしれません。

デーモンは仕事上のトラブルとは限りません。身内の不幸だったり、自身の病気だったりということもあるでしょう。

いってみれば、デーモンとの遭遇は人生の一大事ということです。

あなたはデーモンに負けたことで挫折を味わい、初めて己を知ることになるわけです。自分が思いあがっていたことを知り、自分自身の甘さに気づきます。そうして慢心を捨て、あらためてメンターの教えを受け、自分に磨きをかけます。

メンターの教えは、いつも1つ。「武器の強さがあなたの強さではなく、何も持たないときのあなたの強さが本当の強さなのだ」……それを胆《きも》に銘じることであなたは人間力をともなった本当の実力を手にし、「変容」するのです。

今度は困難を乗りこえ、一から出なおして再建することに成功します。そしてデーモンに打ち勝つことができ、「課題終了」となったあなたは、無事に故郷に「帰還」するのです。

そして、旅を振り返ってみると、最初とはまったく違った自分に成長していることに気づくのです。


いかがですか？

あなたが今まで成功してきた事柄を思い返すと、ヒーローズ・ジャーニーで起こるべきことが起こっていたことに思い当たるでしょう。

そう、**私たちの人生は「ヒーローズ・ジャーニー」の物語の繰り返しで形成されているということなのです。**

「ヒーローズ・ジャーニー」から学べること

この人生の法則からは多くのことが学べます。そして、私たち個々の人生をヒーローズ・ジャーニーに当てはめることで、自分の成長につなげることができるのです。

まず学べることは、**誰にでも当てはまる人生のパターンを知っておくことで、目先の準備だけではなく、先の先まで読んだ準備ができる**、ということです。

たとえば、さまざまな試練にぶつかったときには自分がステージ3にいることがわかるでしょう。それを乗りこえるためには、ステージ4のメンターに出会う必要があるわけです。ですから、困難なことが起きたと感じたら、すかさずアドバイスをくれる人をさがしたり、自己啓発本を読んだりして、自分のメンターをさがして力を借りることが必要です。

また、人生の中では、最大のライバルに出会ったり、大きな災難に巻き込まれたりすることがあるかもしれません。でも、**そんなときは自分が今ステージ5でデーモンの洗礼を受けていると考えればいい。**そうすれば、そのあとには自分が大きく成長できるステージ6が待っていることがわかっているので、あきらめずに希望を持つことができるはずです。

「ヒーローズ・ジャーニー」という人生のパターンに基づいて自分の現状を分析すれば、人生における自分の立ち位置を知ることができます。そうすれば、次のステージに行くためにはこれから何が必要になるのかを知ることができます。早めに情報収集をしたり、次の試練のために前もって努力をしたりできるわけです。

つまり、自分の人生のストーリー展開を知っておくことで、未来を大まかに予測することができるのです。

「ヒーローズ・ジャーニー」における最大のピンチは、デーモンとの遭遇です。

人生にはさまざまな障壁があらわれますが、ほとんどの場合は未来記憶を使って意味づけを変えることで乗りこえることができます。しかし、ときには未来記憶が通用しないほど巨大な壁に遭遇してしまうことがあります。

未来記憶が通用しない敵――それこそがデーモンなのです。

未来記憶が通用しないデーモンの恐ろしさは、これまでの小さな試練とは比べものになりません。

デーモンがあらわれたときは、「自分自身」や「夢との向き合い方」の真価が問われるときでもあります。

・自分にどれだけの実力が身についたのか
・夢への想いがどれだけのものなのか
・自分を助けてくれる人がどれだけいるのか
・夢への意味づけは間違っていないか
・自分のためだけの夢を追っていないか

そんな、**私たちの「あり方」がためされているとき**なのです。

デーモンは、足りないものがあることを教えてくれる最大のシグナルでもあります。

私たちは、足りなかったものに気づき、身につけていかなければデーモンに打ち勝つことはできません。

デーモンの出現を教えてくれるシグナルとは、次のようなものです。
・どうしても、何をやってもうまくいかない
・これまで学んだスキルが役に立たない
・未来記憶で意味づけが変えられない
こんなふうに感じたら、デーモンのシグナルではないかと疑ってみてください。

人生最大の壁を乗りこえるには？

デーモンの大きさというのは、そのときどきで違います。誰が見ても明らかに大きなデーモンということもあれば、ときにはその存在がわからないほど小さなデーモンの場合もあるでしょう。

「あれ？　そういえば、もしかしてあれがデーモンだったのかな？」

そんなふうに、過ぎ去ってから気づくこともあるかもしれません。

1つ言えることは、**デーモンと遭遇するまでのステージ4までのステップをおろそかにしているほど、デーモンは大きく強くなる**ということです。

未来記憶が通用しなくなったとき、つまりデーモンに遭遇したときに、それを乗りこえるためには、私たちは次の3つを省みなくてはなりません。

①【自分のあり方を省みる】

まずはステージ1〜4のあいだに自分のあり方・生き方に問題はなかったか、振り返ってみましょう。

あなたは自分でも気づかないうちに傲慢になったり、自分勝手になったりしていませんか？　もしかすると周囲の人たちへの態度に問題があったのかもしれません。

大きな困難におそわれたときに、周囲の人が誰も手を差し伸べてくれなかったとしたら、皆さんはどう感じるでしょうか？

これまであんなに自分におべっかを使っていたくせに、いざとなったら手のひらを返すような仕打ちをした周囲の人を恨む人もいるでしょう。

最初からまわりの人間は頼りにならないと考えていたので、今さら何も感じないという人もいるかもしれません。

しかし、周囲の人が自分を助けてくれなかったのは、これまでの自分に非があったのではないかと逆に反省する人もいるでしょう。


他人を恨んでしまう人は自分こそが傲慢になりすぎて、常日ごろから周囲の人にひどい仕打ちをしてきたのではないでしょうか？　これまで順調だったからといって、権威をカサに着ていばり散らしてきたことはなかったでしょうか？

そんな態度をとっていた人には、それみたことかという思いこそすれ、手を差し伸べようという気にはなりません。

また一匹オオカミを気取って、誰も頼らない、誰も信じないという態度をとってきた人がいたとしたら、いったい誰が助けようなどと思うでしょうか？　これまでどおり、1人でなんとかしろと思われてしまうのがオチです。


誰も助けてくれなかったとしても、それはまわりの人が薄情なわけではありません。それまでの自分が周囲の人に薄情だっただけなのです。

これまでの自分が常日ごろから周囲の人に誠実に向き合ってきたのなら、デーモンと戦うあなたを、まわりの人が見捨てるわけがない。力を貸してくれる人がいなかったということは、自分自身がこれまで誠意を示してこなかったということにほかなりません。デーモンがあらわれたのは、あなたに問うため、あなたにそれを気づかせるため。デーモンは、そんな「振り返り」をあなたに求めているのです。

大きな壁を乗りこえるためには、まずは自分のあり方を改めること。デーモンは、あなたのこれまでの態度を鏡に映し出し、教えてくれているのです。

②【夢のあり方を省みる】

私たちが持っている夢が本物でなかった場合、どれだけ未来記憶を使っても、いずれワクワクできなくなってしまうときが訪れてしまいます。

たとえば弁護士になるのが自分の夢だとばかり思い込んでいたけれど、もしかするとそれは自分の親が望んでいることで、あなた自身の夢は違うものだったのかもしれません。あなたはそれに気づかないまま、ステージ5まで夢中で突っ走ってきてしまったわけです。

デーモンに出会い、なぜ自分がこの夢のためにここまでしなくてはいけないのか、という疑問がわいてきてしまったとすれば、それはあなたをもっと輝かせてくれる夢がほかにあることを教えてくれているのかもしれません。デーモンはその本当の夢に向かう準備が、すでにあなたにできていることを知らせてくれているのです。

大きな壁にぶち当たって、「なんでこんなにがんばらなくちゃいけないんだろう」と思ってしまったときには、自分の本当の夢が何か、もう一度熟考してみるといいかもしれません。

③【志（夢の動機）を省みる】

自分が持っている夢が私利私欲に走ったものだと、いくら未来記憶を使ってもいずれ気持ちがついてこなくなるときがやってきます。ただし、それはその夢をあきらめろとか、ほかの夢に変更しろといっているわけではありません。なぜ、その夢を目指していたのかという動機を省みてみよう、といっているのです。

これまでは、たとえば自分の贅沢《ぜいたく》のために金もうけしたいとか、自分がえらくなりたいから出世したいとか、そういった「我がため」の動機でも、起業という夢に向かってやってこられたかもしれません。

ところが、**デーモンが訪れたということは、私利私欲のための動機ではなく、もっとまわりの人の幸せや世の中全体の利益などを考えた動機に改めるべきときがきたことを告げているの**です。

自分の動機が自分の喜びや欲だけのためのものだという人は、ぜひもっと広い視野に立ち、未来記憶を使ってその夢に新たな動機を意味づけてください。私たちは、かならず社会から役割を与えられています。それに気づかせるのが、デーモンの役割の1つなのです。

デーモンとの遭遇は、これら3つのことに立ち返り、自分自身と夢について省みる機会が訪れたということ。ぜひ大きな成長の場ととらえたいものです。

デーモンは「あり方」を問うシグナル

デーモンのシグナル	デーモン対処法
①どうにもこうにもうまくいかなくなる	①自分のあり方を省みる
②これまで学んだスキルが役に立たなくなる	②夢のあり方を省みる
③未来記憶でも意味づけを変えられない	③志（夢の動機）を省みる

真に価値のある人生を歩むために忘れてはいけないこと

おそらく、この人生の法則を知り、誰の人生でもデーモンがあらわれるときがくるということがわかっていれば、安心する人は大勢いると思います。

誰でも、デーモンと戦っている最中は、明るい未来を見ることができずに苦しみます。でも、それを乗りこえたあとの自分が大きく成長するとわかれば、かならず未来に希望が持てるに違いありません。希望を持つことができ、未来記憶を増やすことができれば、その行動も変わってくるでしょう。

デーモンは、成長するタイミングを教えてくれるシグナルです。未来記憶が通用しないほどの巨大な壁にぶつかったら、自分の志を問い、自分のあり方を定めなおすことです。そして「世のため人のために生きる」という、もう1つ上のステージに上がることができれば、解決の方法はおのずとあらわれ、壁を乗りこえて成長することができるのです。

もし、あなたが自分の志を問うこともせず、自分のあり方を定めなおすこともせずにいれば、それはデーモンにエサを与えているようなものです。そうなれば、ますます敵は巨大化し、打ち勝つことが難しくなってしまうでしょう。

誰でも大きな困難にぶつかって苦しみたくはありません。できることならデーモンには会いたくない。でも、デーモンは私たち自身のこれまでの行動や考え方が引き寄せていることを忘れてはいけません。

思い出してください。

そもそもデーモンと出会わなければ、私たちはステージ6には進めません。何より、このデーモンに打ち勝つことができるかどうかで、私たちがステージ6〜8に到達し、真の人生を歩み始めることができるかどうかが決まるのです。

人には、越えられない壁はやってきません。

皆さんが夢に向かう途中の道で迷い、行き止まりになったと感じたときには、私が本書でお伝えしたことを参考にしていただければと思います。

そして、この本が皆さんの人生において、ステージ4で出会う「師匠（メンター）」のような存在になれればいい——私は心からそう願っているのです。

おわりに

未来記憶を増やすと、人生は充実する

人生の質を決めるのは「結果」ではなく、どう生きたか

ここまで読んでいただいて、本当にありがとうございます。

最後に1つ、私から質問があります。

あなたにとって、「幸せな人生」「充実した人生」とはいったいどんな人生でしょうか？

莫大《ばくだい》な財を築きあげる人生でしょうか？

それとも歴史的に偉大な業績を残す人生でしょうか？

人は人生というものを考えるとき、「結果」ばかりに目を向けてしまいがちです。

でも実際には、**どんな結果を手に入れたかではなく、どんなふうに生きてきたかが人生の質を決める**のではないでしょうか。

夢や目標は、人を傷つけても達成しようと思えば成しとげることができるかもしれ

ません。でも、そうして夢を実現できても、「あり方」がともなっていなければ幸せを感じるのは難しいのです。

未来記憶を増やせば、人生の質を上げることができます。

人生において、夢をかなえる瞬間というのはほんの一瞬だけです。たとえば第1志望の会社に入社するという夢に向かって2年間努力し続けても、それがかなったあとは、すぐに営業目標や出世、能力を高めるための試験勉強のような新しい目標ができ、そこに向かって努力する日々が始まるからです。

つまり、人生の9割以上は、夢に向かって行動している時間なのですから、未来記憶を使わずに飽きていることを必死に続けたり、過去記憶にとらわれて自分の夢を変えてしまったり、現在記憶にとらわれて先延ばししたりしていては、その9割以上の時間の質を落としてしまうことになるのです。

ですから、「目標に向かっているとき」の感情をコントロールし、ポジティブな感情で過ごすことで、あなたの人生はすばらしく豊かなものになるのです。

人生の質を上げるというのは抽象論ではなく、まず目の前にあることをきちんとできるかどうかが大切です。「神は細部に宿る」「凡事徹底」などといいますが、当たり前のこと、些細《ささい》なことを前向きにきちんとこなすことこそ、人生において大事なことです。

しかし、多くの人は目の前にあることからすぐに逃げてしまいます。私にももちろん、そういう経験があります。でも、それでは人生の質を上げることはできません。イヤイヤでもなく、仕方なしにでもなく、楽しみながら凡事に取り組んでこそ、人生の質が高まり、あなたの本当の人生が開けたことになるのです。

あなたの人生が本当の意味で始まっていく前に、最後にお伝えしておかなければいけないことがあります。幸せな人生を送るために、ぜひ覚えておいていただきたいことです。

繰り返しになりますが、目標達成の確率を上げる最大の方法は、ラクにやることです。それをわかっているはずなのに、目標を高くしていくうちに、つらくなってきてしまう人がいます。

そういう人は、自分の心の中にあるルールブックに問題があるのです。

じつは、世の中には幸せになりやすいルールブックを持つ人と、そうでない人がいるのです。

人生が最悪なのではない、ルールがそう思わせているだけ

人はそれぞれ、心の中に「こうでなくてはならない」「こうであるのが当たり前だ」という思い込みから作られたルールブックを持っています。

人は自分のルールが唯一絶対のものだと勘違いし、他人の頭にも自分と同じルールがインストールされていると思ってしまいがちです。

ところが、ルールは人によってすべて異なるのです。

人が幸せを感じるか不幸せを感じるかは、そのルールが決めています。あまりにも

きびしいルールを持っている人は、そのルールにしばられて、幸せを感じられなくなってしまうのです。

たとえば、「年収1000万円を超えなければ幸せになれない」というルールを持っている人は、900万円の自分は不幸だと思ってしまう。でも「年収500万円で幸せ」という人は同じ900万円で大満足が得られるわけです。

その「ルールのバー」を越えられるかどうかで、自分が幸せだと感じるか、不幸だと感じるかが決まってくるということなのです。

幸せな人生を歩むためには、自分のルールブックを「幸せになりやすいルール」で埋めつくしていくことが必要です。

「幸せになりやすいルール」を作るのにはコツがあります。それは、ルールの主人公を自分にするということです。

「上司がほめてくれたら幸せ」

「恋人は、いつでも自分のことをいちばんに考えてくれるもの」

このように、他人を主体にしたルールを持ってしまうと、相手がそのとおりにしてくれないと不満を感じてしまいます。ですが、他人はコントロールできませんから、どんなに自分ががんばっても不満は解消できず、ストレスがたまる一方です。

自分が主体になっているルールが多ければ多いほど、人はその結果を自分でコントロールでき、その結果、幸せも手に入りやすくなります。

「自分を主体にすること」、そして「ルールはできるだけやさしくすること」というコツさえつかんでおけば、あなたのルールブックは「幸せになりやすいルール」でいっぱいになるはずです。

しかし、私の講座の参加者にこの話をすると、多くの方が不安を訴えます。ルールをやさしくしてしまうと、自分が努力しなくなりそうで怖いというのです。

「年収1000万円を目指していれば、年収950万円になったときにも努力ができますが、年収500万円でも幸せ、と思ってしまったら、年収600万円になったら、もう努力をしなくなってしまいそうです」

……じつは、そこに大きなトラップがひそんでいるのです。

幸せになれるルールブックに変えていこう

講座に参加したり、本を読んだりする熱心な人は、大きなものを達成することを目指しています。そういう方が持ってしまいやすい「ルールのバーを低くすると、目標まで下がってしまい、自分が努力をおこたるようになるのではないか」という思い込み……。これこそが、ルールブックにおける最大のトラップです。

これはとても大切なことですが、ルールのバーと目標はまったく別なので、2つを連動させる必要はありません。

多くの人は、年収1000万円という高い目標を掲げたときに、一緒にルールまできびしくしてしまいます。つまり、1000万円稼げなければ自分を認めない、などと思ってしまうわけです。

もしくは、毎月お給料をもらえるだけでも幸せだ……とルールのバーを低くすると、今度は目標も連動させて「無理をしないでお給料をもらう」などというように下げてしまうのです。

ですが、**目標を成しとげながら、本当の意味で充足し、心地よい毎日を送るためには「目標は高く、ルールのバーは低く」というのが原則**なのです。目標とルールのバーの差が広がれば広がるほど、その目標に達するまでのプロセスはすべて幸せに感じられます。

つまり、その差こそが「幸せの幅」であるということです。その幅が広いほど目標までの道のりは楽しくなり、人生における幸せな時間は長くなるのです。

ルールブックに「完璧でなければならない」と書いている人は、つねに苦しい人生を歩むことになってしまいます。いってみれば、幸せの最大の敵は完璧主義だということです。

完璧な企画書、完璧なプレゼン、完璧なそうじ、完璧な子育てなどというものは、この世には存在しません。そんなものを求めるよりも、昨日の自分、今の自分より少しでも成長しようと考えたほうがずっと現実的です。

いちばん苦しんでいるのは、目標もルールも高く設定してしまったまじめな人たちだと思います。私はそういう人に伝えたいのです。

ルールのバーを高くして自分を苦しめなくてもいいのですよ――と。

目標を達成するのに、なにも〝いばらの道〟を選ぶ必要はないのです。ラクに達成してもいいのです。

いたずらにルールのバーを高くしてしまうと、目標を達成することに人生をしばられてしまいます。でも、目標は「今」を輝かせるための道具にすぎません。あなたの人生の主役は目標ではなく、あなた自身なのです。

人生とは自分さがしの旅ではなく、自分自身を作っていく旅なのです。

ですから本当に大切なことを目標にし、それを達成していく道のりの中で、本当になりたい「すばらしい自分」になっていただきたい。そう思って、この本を書きました。

未来記憶のメソッドで、1人でも多くの人が、自分のかなえたい目標を達成し、なりたい自分になっていくことを願ってやみません。

最後になりますが、これまで私の講座に参加されたお客様と、編集担当の池田るり子さん、そして、これまで出会ったすべての方々のおかげでこの本を書くことができました。心よりお礼を申し上げます。

参考文献

UNLIMITED POWER ／ Anthony Robbins ／ Free Press

AWAKEN THE GIANT WITHIN ／ Anthony Robbins ／ Free Press

孟子（上）（下）／岩波文庫

講孟箚記（上）（下）／吉田松陰／講談社学術文庫

創造する経営者／P・F・ドラッカー／ダイヤモンド社

Theory U ／ C. Otto Scharmer ／ Berrett-Koehler Publishers

「成功曲線」を描こう。夢をかなえる仕事のヒント／石原明／大和書房

やる気のスイッチ！／山﨑拓巳／サンクチュアリ出版

My Credo ／浜口隆則・村尾隆介／かんき出版

立志読本『すべては志からはじまる』／林英臣／
https://www.hayashi-hideomi.com/books

ロバート・ディルツ博士のNLPコーチング／ロバート・ディルツ／ VOICE

千の顔をもつ英雄（上）（下）／ジョゼフ・キャンベル／人文書院

本書は二〇一一年九月に小社より出版された
『未来記憶』を改題し、文庫化したものです。

サンマーク文庫

DO IT!
「すぐやる人」に変わる未来記憶思考法

2023年4月10日　初版印刷
2023年4月20日　初版発行

著者　池田貴将
発行人　黒川精一
発行所　株式会社サンマーク出版
東京都新宿区北新宿2-21-1
電話 03-5348-7800

フォーマットデザイン　重原隆
印刷・製本　株式会社暁印刷

落丁・乱丁本はお取り替えいたします。
定価はカバーに表示してあります。

ISBN978-4-7631-6139-0 C0130

ホームページ　https://www.sunmark.co.jp

好評既刊

サンマーク文庫

※価格はいずれも本体価格です。

宇宙の根っこにつながる生き方

天外伺朗

先端技術の開発者だった著者が、「科学」と「あの世」の接点と新しい生き方を語った話題作。

524円

始めるのに遅すぎることなんかない！

中島 薫

人生の一歩を、ためらわずに踏み出すための最高の後押しをしてくれるベストセラー、待望の文庫化。

524円

本質を見抜く「考え方」

中西輝政

つねに新しい情報を集め、独自の見識を導き出す国際政治学者が初めて明かす、真実に迫るための実践的思考法。

571円

遺伝子オンで生きる

村上和雄

こころの持ち方でDNAは変わる。無限の可能性を目覚めさせる「遺伝子のスイッチオン／オフ」とは？

571円

小さいことにくよくよするな！

R・カールソン
小沢瑞穂＝訳

すべては「心のもちよう」で決まる！ シリーズ国内350万部、全世界で2600万部を突破した大ベストセラー。

600円